Um toque de Filosofia

Samir Thomaz

Jornalista formado pela Faculdade Cásper Líbero (SP) com especialização em Globalização e Cultura pela Escola de Sociologia e Política de São Paulo (Fesp). Autor de ficção e não ficção e editor. Produtor de conteúdos didáticos de Filosofia e Sociologia

Ilustrações: Galvão Bertazzi

1ª edição
São Paulo, 2014
2ª impressão

© SAMIR THOMAZ, 2014

COORDENAÇÃO EDITORIAL: Lisabeth Bansi
ASSISTÊNCIA EDITORIAL: Patrícia Capano Sanchez
PREPARAÇÃO DE TEXTO: Ana Catarina Nogueira
COORDENAÇÃO DE EDIÇÃO DE ARTE: Camila Fiorenza
DIAGRAMAÇÃO: Cristina Uetake, Elisa Nogueira, Michele Figueredo
COORDENAÇÃO DE REVISÃO: Elaine C. del Nero
REVISÃO: Andrea Ortiz
ILUSTRAÇÕES DE CAPA E MIOLO: Galvão Bertazzi
COORDENAÇÃO DE *BUREAU*: Américo Jesus
PRÉ-IMPRESSÃO: Helio P. de Souza Filho
COORDENAÇÃO DE PRODUÇÃO INDUSTRIAL: Wilson Aparecido Troque
IMPRESSÃO E ACABAMENTO: Eskenazi
LOTE: 286084

Dados Internacionais de Catalogação na Publicação (CIP)
(Câmara Brasileira do Livro, SP, Brasil)

Thomaz, Samir
  Histórias do dia a dia : Um toque de Filosofia /
Samir Thomaz. — 1. ed. — São Paulo : Moderna, 2014.

  ISBN 978-85-16-09544-4

  1. Literatura infantojuvenil I. Título.

14-05687   CDD-028.5

Índices para catálogo sistemático:
  1. Literatura infantojuvenil   028.5
  2. Literatura juvenil   028.5

Reprodução proibida. Art. 184 do Código Penal e Lei 9.610 de 19 de fevereiro de 1998.

Todos os direitos reservados.
EDITORA MODERNA LTDA.
Rua Padre Adelino, 758 - Belenzinho
São Paulo - SP - Brasil - CEP 03303-904
Vendas e Atendimento: Tel. (11) 2790-1300
www.modernaliteratura.com.br
2019
Impresso no Brasil

Para Naide e para Joyce,
os meus amores.

Agradeço à minha editora Beth Bansi pelo *insight* deste livro e pelo convite para escrevê-lo, pelas críticas, sugestões e pela troca de ideias fecunda; e à Cláudia Padovani, pela amizade, pelas leituras e pelo incentivo.

Só sei que nada sei.
(Sócrates)

SUMÁRIO

APRESENTAÇÃO, 6

PAI E FILHA, 8
    Admiração e espanto, 12

PARABÉNS, TUDO DE BOM!, 16
    Realidade virtual, 20

CULTURA, 24
    História e cultura, 27

O HOMEM QUE NÃO ESTAVA, 30
    Dúvida e verdade, 34

MURIEL, 38
    Valores, 41

UGA-UGA, 45
    Memória e imaginação, 48

SEU NEVACIR, 51
    Liberdade e determinismo, 54

SEGREDO, 58
    Conflitos e contradições, 61

A SENHORINHA DA LIVRARIA, 65
    O mundo do trabalho, 68

AS AFLIÇÕES DE UM TORCEDOR, 72
    Deuses e humanos, 75

ADERBAL E HARRIET, 79
    O apolíneo e o dionisíaco, 83

O MENINO FILÓSOFO, 87
    O poder, 90

CONCLUSÃO, 94
    A barba não faz o filósofo, 94

APRESENTAÇÃO

A ideia de que a Filosofia é bem próxima de nós é tão antiga quanto a própria Filosofia. Tales de Mileto, o primeiro filósofo de que se tem notícia, afirmava ser a água o principal elemento constitutivo de tudo o que existe no Universo. Ora, nada mais próximo do ser humano do que a água. Pitágoras de Samos, por sua vez, que viveu pouco depois de Tales, defendia que o elemento essencial do cosmo eram os números, e Empédocles de Agrigento, que foi contemporâneo de Pitágoras, elegeu a terra, a água, o fogo e o ar como as substâncias elementares da natureza. Nada, portanto, que fosse estranho ao dia a dia dos humanos.

A criança e o adolescente são como os primeiros filósofos: ávidos por descobrir os enigmas do Universo, curiosos por desvendar os mistérios da vida, ansiosos por conhecer. Não é exagero dizer que todo adolescente age no mundo como um pequeno filósofo: seu espanto e sua admiração diante do mundo nada devem ao espanto e à admiração dos primeiros pensadores. O que é isto? De que é feito? Por que é assim? Por que muda? Por que permanece?

No tempo de Tales, perguntar sobre a natureza das coisas não tinha esse nome solene, *Filosofia*, que significa "amor ao saber" ou "amizade pelo saber". Atualmente, a Filosofia tem 2.500 anos de existência. De prática espontânea, virou disciplina escolar, como a Matemática e as Ciências. Talvez isso assuste os alunos e tolha a realização do potencial da Filosofia como disciplina, que é o de estimular a criatividade e a liberdade do pensamento para que o aluno adquira a prática da reflexão crítica.

Eis aí o desafio: levar o adolescente a descobrir o filósofo que existe dentro de si, para que exerça desde cedo o hábito de perguntar, indagar, questionar.

O filósofo francês André Comte-Sponville (1952) escreveu que "não há idade para filosofar; porém os adolescentes, mais que os adultos, precisam ser acompanhados ao fazê-lo". É exatamente este o propósito deste livro: *acompanhar* o adolescente nos seus primeiros contatos com o pensamento reflexivo. Mas *acompanhar* não significa *tutelar*. É preciso que o adolescente experimente seus primeiros espantos por si mesmo, num movimento pensante que brote de suas próprias experiências e descobertas, e que ele se sinta confiante para expressá-los oralmente ou por escrito. Somente assim, com liberdade para o questionamento constante, sem o compromisso de uma resposta necessariamente certa ou precisa, ou mesmo sem o compromisso de uma resposta, ele vai exercer a vocação de todo ser humano na direção do conhecimento.

Como estratégia para esse objetivo, estabelecemos como ponto de partida a leitura de textos literários acessíveis ao nível cognitivo do aluno. São textos que falam de situações prosaicas do dia a dia, muito próximas da realidade dos jovens. A literatura, nesse caso, cumpre a sua vocação primordial de fazer o leitor viver intensamente as histórias sem estar lá. Com base nessas leituras, e sem a preocupação de apresentar formalmente a terminologia filosófica – que só poderia afastá-lo da Filosofia neste momento –, ele será estimulado a compreender o quanto de Filosofia pode haver na vida mais cotidiana que se possa imaginar.

PAI E FILHA

— Pai, por que a Lua não cai?
— Porque está presa no céu.
— Presa como?
— Você não tem idade para entender.
— Tenho sete anos.
— Então.
— Então o quê?
— Sete anos é pouca idade para entender por que a Lua não cai.
— Por quê?
— Porque você tem que entender outras coisas primeiro.
— Que outras coisas?
— Outras coisas que você ainda não tem idade para aprender.
— Você não diz que eu sou inteligente?
— Você é muito inteligente. Mas isso não é questão de inteligência.
— É questão do quê?
— De maturidade.
— O que é isso?
— É o momento certo para entender as coisas.
— E quando eu vou ter maturidade?
— No momento certo.
— E quando é o momento certo?
— É no momento certo.

A garçonete se aproxima com os sucos.

— Pai...

— Hum...

— O momento certo não pode ser agora?

— Depende do que você quer fazer ou saber no momento certo.

— Eu só queria saber por que a Lua não cai.

— Tá bom, eu vou tentar explicar, mas você vai ver como este não é o momento certo para você entender isso.

— Então explica.

— A Lua não cai porque ela está presa lá no céu.

— Isso você já disse.

— Pois é, voltamos ao início da conversa.

— Mas presa como, pai?

— Ela está presa por uma força invisível.

— Como?

— Não falei que você não ia entender...

— Mas eu estou entendendo.

— Uma força que a gente não pode ver, mas que existe.

— Ela está lá, do lado da Lua?

— Sim...

— Deve ser uma força muito forte, né...

— Muito. Essa força segura algumas coisas aqui na Terra também.

— Nossa! E ela é invisível aqui também?

— Claro! Essa força é sempre invisível.

— Ela está aqui agora?

— Está.

— Cadê?

— Não podemos ver. Eu não disse que ela é invisível?

— Ah, esqueci. E o que ela está segurando aqui na Terra?

— Promete que não vai se assustar?

— Prometo.

— Ela está segurando você.

— Eu?

— É. Está segurando você no chão.

— Mas eu não estou no chão.

— É um modo de dizer. Se não fosse essa força, eu, você e tudo o que existe sairíamos voando pelo ar.

— Até os elefantes?

— Até os elefantes.

— E por que ela não segura a Lua no chão?

— Porque tem outra força puxando a Lua pra cima. Não falei que era complicado?

— Não tô achando complicado, tô achando legal. Então é outra força, pai, essa que puxa a Lua pra cima?

— Não é bem pra cima, é pro lado...

— Pro lado?

— Quase isso.

— Nossa, todo mundo quer a Lua, então...

— É, a Lua é muito querida, todo mundo quer.

— Mas por que então ela não sai do lugar?

— Claro que sai.

— Sai?

— Clarinha, vamos embora, sua mãe deve estar preocupada. Eu não trouxe o celular.

— Só me explica isso, pai. A Lua sai do lugar?

— O tempo todo. Mas a gente não percebe.

A menina dá uma sugada demorada e ruidosa no canudinho e fica calada.

— Que foi?

— Nada.

— Não vai perguntar mais?

– Hoje à noite vou ficar vigiando a Lua para ver se ela se mexe.

– Ela não vai se mexer.

– Mas você falou que ela sai do lugar...

– Falei...

– Então...

– Ela sai e não sai. Agora vamos embora, que está ficando tarde.

Clarinha dá a última sorvida no suco enquanto seu pai acerta a conta no caixa. Depois, lança um olhar curioso para o céu.

São quase sete horas. O Sol já se pôs. A Lua e as estrelas ainda não apareceram. No céu, há apenas um ponto brilhante, muito brilhante mesmo, que Clarinha conclui não ser nem o Sol nem a Lua. Parece uma estrela que se perdeu das outras.

Será que a força também está do lado dela?, se põe pensativa. Mas logo esquece, pois sua mãe, preocupada, vem ao encontro dos dois.

Clarinha pula no colo da mãe, a abraça com força e resolve dar uma espiada no ponto brilhante que havia visto há pouco. Mas ele não está mais lá.

Vai ver a força que segura a Lua deve tê-lo puxado para longe, pensa a menina, enquanto se agarra ao corpo da mãe para que a força que puxa a Lua não a leve também.

Tema: Admiração e espanto

Embora tenha essa fama de "coisa séria" – e é, de fato, "coisa séria" –, a Filosofia, assim como os adultos, já teve "infância". Na "infância" da Filosofia, os primeiros filósofos eram como a garotinha da história, perguntavam sobre tudo o tempo todo: "O que é isto?"; "De onde veio?"; "Por que é assim?"; "Por que muda?"; "Por que permanece?". Esta é uma "mania" que a Filosofia nunca perdeu, mesmo tendo 2.500 anos de idade: querer saber o porquê das coisas. Atualmente, os filósofos continuam perguntando, perguntando e perguntando. As perguntas é que mudam.

É próprio das crianças perguntar, questionar sobre a natureza das coisas e sobre a relação destas com o mundo e com os seres que nele habitam. Você, por exemplo, já deve ter ido a um jardim zoológico. Se não foi, sempre é tempo: é uma experiência fascinante. Para os que foram, qual foi a reação diante do macaco, do leão, da girafa, do elefante? Ficaram curiosos, não? Ficaram admirados e espantados diante desses e de outros animais. Devem ter feito perguntas muito parecidas com as que a menina fez ao pai: "Por que o rabo do macaco enrola?"; "Por que o leão é tão preguiçoso?"; "Como a girafa consegue se alimentar com aquele pescoço tão comprido?"; "E o elefante, por que não tem nariz?". Afinal, os animais são bem diferentes de nós, seres humanos, e alguns animais do zoológico são bem diferentes dos animais domésticos com os quais convivemos.

As perguntas que a garotinha faz e aquelas que os primeiros filósofos fizeram revelam que o ser humano possui uma necessidade vital de *conhecer*. É próprio do ser humano perguntar sobre as coisas, querer saber de que são feitas, por que existem, por que algumas são sempre do mesmo jeito e outras se transformam. E as respostas costumam gerar outras tantas perguntas, que por sua vez vão gerar outras tantas respostas, com novos questionamentos. Uma coisa é certa: a curiosidade do ser humano não tem limites.

É um engano, no entanto, pensar que, quando os primeiros filósofos começaram a fazer as primeiras perguntas na Grécia antiga, o mundo não era tão complicado como é hoje. Costuma-se dizer que a Grécia é o "berço da civilização ocidental", ou seja, que esses filósofos foram

VOCÊ SABIA?

Tales de Mileto era um dos sete sábios da Grécia antiga. Mal comparando, era mais ou menos como se hoje ele fosse um dos laureados com o Prêmio Nobel, concedido aos principais nomes das grandes áreas do conhecimento. Graças a seus conhecimentos astronômicos e meteorológicos, Tales previu uma excelente colheita de azeitonas. Confiante em sua previsão, ele alugou todas as prensas de azeite de oliva e, quando chegou o verão, com a posse de todas as prensas, ganhou muito dinheiro com o negócio. Uma demonstração de que ele não andava com a cabeça nas nuvens, como se dizia, mas era um homem prático. Tales também previu um eclipse do Sol para o ano de 585 a. C., algo assombroso para a época.

os desbravadores do pensamento, fazendo as perguntas que ninguém antes deles havia pensado em fazer. As primeiras perguntas feitas por esses pensadores foram o pontapé inicial da construção do conhecimento do mundo, que depois recebeu o nome de "ciência".

Como também é um engano pensar que as perguntas dos primeiros filósofos e as primeiras tentativas de explicação do Universo eram ingênuas, como as perguntas que a garotinha faz ao pai. Tales de Mileto, por exemplo, um daqueles primeiros perguntadores, considerado o primeiro filósofo da História, dizia que tudo o que existe no mundo era constituído de água. Pitágoras de Samos, outro filósofo daqueles primeiros tempos, explicava tudo pelos números. Já Empédocles de Agrigento dizia que todas as coisas eram formadas por quatro elementos: terra, fogo, água e ar. Por mais ingênuas e simplistas que essas explicações possam parecer hoje, elas foram fundamentais para o desenvolvimento da Filosofia. Afinal, alguém tinha de fazer as primeiras perguntas.

Os antigos, aliás, costumavam contar uma história curiosa sobre Tales de Mileto. Diziam que Tales, de tanto olhar para o céu, era um homem muito distraído. Tão distraído que um dia, ao caminhar observando os astros, não viu um poço à sua frente e caiu dentro dele. Por sorte, não morreu, e ainda viveu muitos anos.

Mas, desde essa época, os filósofos têm essa imagem de pessoas que vivem com a cabeça nas nuvens em busca de compreender o que está por trás daquilo que, para os outros, que não são filósofos, não possui mistério algum.

ATIVIDADES:

1 - Assim como a garotinha da história, você também costuma fazer perguntas sobre o mundo e o Universo? Costuma ficar espantado e admirado diante de algo que desafia o seu entendimento? Conte uma situação em que tenha ficado matutando por horas ou dias diante de algo que custou a compreender ou que ainda não compreende.

2 - Se a Filosofia não existisse e você fosse um pensador no mundo de hoje, que matéria ou substância elegeria como a primordial, aquela de que todas as coisas são feitas? Explique sua resposta.

3 - Você concorda com o pai da menina, que disse que ela não tem idade para entender o que ele explicou sobre a Lua? Por quê? Você acredita que existe uma idade certa para as pessoas entenderem as coisas?

4 - Identifique o trecho do diálogo entre pai e filha em que a Lua deixa de ser vista em seu aspecto físico para ser vista em sua faceta romântica. Por que você acha que as pessoas associam a Lua ao romantismo?

PARABÉNS, TUDO DE BOM!

Adriana se virou de lado na cama. Viu o marido com o celular em punho.

— O que está fazendo, Murilo?

— Estou no Face, amor.

— Mas a esta hora da manhã!

— Hoje é meu aniversário, esqueceu?

— Claro que não, né.

— Pois é. E hoje eu me impus uma missão.

— Missão?

— É. Quero ver quem vai me mandar mensagem de parabéns e quem não vai. Vou descobrir quem é meu amigo de verdade. Depois vou catalogar tudo e ver o que fazer.

Adriana puxou o rosto do marido para si:

— Murilo, você pirou?

À uma da tarde, Adriana teve certeza de que o marido não estava num dia bom:

— Murilo, dá pra largar esse maldito celular um pouquinho e vir almoçar?

— Só um minuto, amor, chegaram mais duas mensagens. Da Raquel Gontijo e da Luciana Bezerra. Gosto delas. Mas aposto que a falsona da Berenice não vai me mandar nenhuma mensagem. Ela sabe que hoje é o meu níver, mas vai fazer questão de esquecer. Ela sempre dá essas mancadas.

— Murilo, a lasanha está esfriando...

— No aniversário dela eu enviei uma mensagem bacana logo de manhã, de cinco linhas...

— Você fez a sua parte, oras... Agora vem comer, por favor...

— Olha só quem acabou de enviar os cumprimentos. Tudo bem que foi só um "parabéns, tudo de bom!", mas pelo menos ela lembrou...

— Quem?

— A Ana.

— A Ana Renata?

— Não.

— A Ana Rebeca?

— Também não. A Ana Júlia.

— Pfff...

— Que foi?

— Tô vendo que você ficou todo contentinho com um simples parabéns da sua ex.

— Nada a ver, more, não vai ficar com ciúmes logo hoje, né... Pelo menos ela lembrou. A Maria Leocádia, que trabalha dez horas por dia do meu lado, até agora nada. E olha que ela mora aqui do lado.

— Mas ainda é uma da tarde, criatura! As pessoas acordam tarde no sábado! Não sei por que essa neura toda. No ano passado você não estava assim.

— No ano passado eu não estava no Face. Mas, agora que estou, decidi que só vai ficar na minha página quem demonstrar que é meu amigo de verdade.

Adriana soltou mais um *"pfff"*, que, claro, não foi ouvido pelo Murilo.

Às cinco da tarde, Adriana despertou de um cochilo com os gritos do Murilo:

— Ganhei meu dia, Adri! Ganhei meu dia! — exultou o marido.

— O que foi desta vez, meu Deus?

Ele estendeu o celular na frente da mulher:

— O Perón, meu gerente! Acabou de me enviar os parabéns! Sabe o que isso significa?

— Hum...

— Que aquela promoção vai rolar...

— Não viaja, Murilo...

— Ele me considera, amor. Sempre senti isso. Senão não mandava a mensagem. Aposto que para o Silvano ele nem mandou mensagem de aniversário...

— O aniversário do Silvano é no mês que vem...

— Como você sabe?

— Não foi você que disse que o Silvano é de escorpião? Ele deve fazer aniversário no começo de novembro. Estamos no começo de outubro...

— Eu disse isso?

— Disse.

Às sete, Murilo já tinha um mapa mais definido da situação. Entre mais de cinquenta cumprimentos, estavam lá as mensagens da Sônia ("*mandou só pra não ficar chato...*"), da Ana Renata, da Ana Rebeca ("*essa é amigona mesmo...*"), da Cibele, do Rubão e da Maria Tereza.

Berenice mandou uma mensagem afetuosa de quatro linhas no fim da tarde. Já da Maria Leocádia, nem sinal de cumprimento. Murilo só esperava dar meia-noite para deletá-la da sua página. Vinha pensando mesmo em fazer isso. Só precisava de um pretexto.

— Imagina, ainda outro dia ela jantou aqui com a gente...

Remoeu aqueles pensamentos por mais de uma hora até que não se conteve. Procurou a página da Maria Leocádia, foi até o item "excluir amigos" e deletou a ex-amiga sem remorsos, como quem dá um piparote numa mosca.

— Pronto! De agora em diante, nada de amigos falsos na minha vida! *Only good vibe!*

Mal disse isso, a campainha tocou. Como Adriana estava no banho, ele mesmo foi abrir a porta. Deu de cara com a Maria Leocádia, que, com um presente nas mãos (provavelmente um livro ou um DVD) e um sorriso indefensável nos lábios, lhe disse, meio cantante:

— *Happy birthday to you!*

E puxou o Murilo para um abraço apertado.

Tema: Realidade virtual

Você ou certamente muitos de seus amigos devem frequentar as redes sociais na internet. Trocar mensagens, fotos, vídeos passou a ser tão comum entre as pessoas como, há algumas décadas, era muito comum crianças e adolescentes trocarem figurinhas ou bolinhas de gude.

Mesmo que você não esteja em uma rede social, deve saber, por ouvir dizer, que as pessoas se relacionam diariamente por essas redes, até com pessoas que estão em outros países e mesmo com quem elas nem conhecem. Existem pessoas que namoram pelas redes sociais e há até quem se case por meio delas, sem nem mesmo conhecer um ao outro. É a chamada *vida digital* ou *realidade virtual*, um fato ainda recente do nosso tempo.

O uso da internet vem alterando a forma como os seres humanos se relacionam não apenas entre si, mas com a realidade. Há alguns séculos, as pessoas trocavam cartas que demoravam a chegar. Outras viajavam na imaginação com a leitura de romances e folhetins nos jornais e livros impressos. Já nesse tempo, ler era uma forma de conhecer ou vivenciar lugares e situações sem de fato estar neles.

Com o advento do cinema, da televisão e do rádio, no século XX, as pessoas continuaram escrevendo cartas e lendo romances, mas a experiência de conhecer sem viver "de verdade" a situação passou a ser mais real, pois, com a imagem e o som, era possível se sentirem muito mais dentro da história que viam ou ouviam.

Como na leitura de romances e folhetins, as pessoas se transportavam para uma realidade de ficção. Fingiam não saber que a história era de mentira para experimentar sensações que normalmente não sentiam no dia a dia. Terminada a história, voltavam para a vida real mais leves. É por isso que até hoje elas procuram uma realidade de mentira, nem que seja por algumas horas: para sair um pouco da realidade de verdade. Quem suporta a realidade o tempo todo?

Agora, com os recursos da internet e as redes sociais, muitas pessoas passaram a ter uma espécie de "segunda vida". Para essas pessoas, existe a vida real e a virtual. E, em muitos casos, como o Murilo da história, algumas dão mais atenção à vida virtual do que à realidade concreta, porque muitas vezes consideram a outra vida mais interessante do que a que levam em seus cotidianos.

VOCÊ SABIA?

Na noite de 30 de outubro de 1938, o cineasta norte-americano Orson Welles produziu uma transmissão radiofônica chamada A guerra dos mundos, com base na obra do escritor H. G. Wells, que simulava uma invasão da Terra por extraterrestres. A transmissão foi tão real que provocou pânico entre os ouvintes, que acreditaram que a Terra estava mesmo sendo invadida por alienígenas. Houve histeria coletiva, com telefonemas para a polícia, congestionamento das linhas telefônicas e grupos armados saindo pela noite em busca de marcianos. Depois do susto, todos quiseram saber quem foi o autor de algo tão verossímil. Orson Welles era jovem e ainda iria se firmar como um dos maiores diretores da história do cinema.

Mas essa divisão da vida em existência real e existência virtual não é tão recente assim. Há 2.500 anos, na Grécia antiga, o filósofo grego Platão (427 a.C.- c. 348 a.C.) criou uma teoria que dividia a realidade em duas: uma era a realidade concreta, que nos cerca e com a qual temos contato diariamente pelos cinco sentidos; a outra era um mundo que só existia no pensamento, nas ideias, e era imutável, perfeita e eterna.

Para Platão, a realidade verdadeira não era aquela em que a vida acontece, onde nascemos, vivemos e morremos, mas a outra, a das ideias, que ele considerava superior. Para esse filósofo, o mundo em que vivemos não passa de ilusão, e tudo o que vemos nele não passa de sombras. Dessa divisão entre um mundo abstrato, que só existe na mente, e o mundo concreto, que percebemos pelos sentidos, nasceu uma das maiores discussões que iria tomar conta da história da Filosofia: a da existência de um mundo de verdades provisórias e outro de verdades eternas.

ATIVIDADES:

1. Que importância você dá ao mundo virtual da internet e das redes sociais no seu dia a dia?

2. Você tem amigos virtuais? Conte como é sua relação com eles. Para você, qual é o valor de um amigo?

3. Você acredita que o mundo virtual e o mundo da ficção ajudam a tornar a realidade mais leve? Explique sua resposta.

4. O que você acha que aconteceu depois do abraço da Maria Leocádia no Murilo?

CULTURA

A professora havia pedido aos alunos que trouxessem para a aula alguma coisa que fosse exemplo de cultura. Podia ser um livro, um CD, a réplica de um quadro, um poema para recitar na classe, uma fotografia, uma coreografia de dança, uma peça de artesanato.

Pedro foi dormir preocupado. Por mais que pensasse, não conseguia imaginar nada que pudesse levar. Em seu barraco, não havia nada que fosse exemplo de cultura. Ele morava na favela do Moinho, na região central de São Paulo. A favela tinha pegado fogo havia alguns meses. O que podia haver de cultura num barraco que quase fora consumido pelo fogo? Três elepês antigos do Roberto Carlos, que seu pai ouvia na juventude e guardava como lembrança. A Bíblia que sua mãe lia todas as noites. Um livro do José de Alencar que ele tinha achado no lixão. E umas revistas velhas, que ele costumava ler para passar o tempo. Será que aquelas coisas podiam ser chamadas de cultura, Pedro se perguntou.

Seu passatempo preferido, ele tinha perdido no incêndio: uma reportagem sobre um garoto do interior da Bahia, nascido numa favela, que se preparava para uma luta de boxe nos Estados Unidos. A leitura da reportagem fazia brilhar os olhos de Pedro. Ele a lia quase todas as noites. O garoto da reportagem era pobre, tão pobre quanto ele, mas ia lutar nos Estados Unidos!

Pedro não sabia muita coisa sobre os Estados Unidos. O que conhecia desse país tinha visto em algumas reportagens na televisão. Tudo lá parecia muito diferente do lugar onde ele morava. Até meninos negros como ele pareciam levar uma vida melhor do que a que ele levava na favela. Aqueles meninos, sim, tinham cultura, ele pensou. Cantavam e dançavam *rap*, grafitavam os muros, andavam de *skate*.

As coisas tinham ficado complicadas depois que a favela pegou fogo. Muita gente perdeu tudo o que tinha e foi embora. Os que decidiram ficar tentavam reconstruir seus barracos do jeito que dava. O que não era fácil. Por sorte, o barraco em que ele morava não foi dos mais atingidos. Quando o fogo começou, na noite da Quarta-Feira de Cinzas, todo mundo começou a correr para salvar seus pertences. Quarta-Feira de Cinzas, ele lembra, e dá um risinho amargo.

As imagens não saem da sua cabeça: as pessoas gritando e chorando no meio da fumaça, as madeiras dos barracos estalando, o calor aumentando, os olhos ardendo. O cuidado maior era com as crianças e com os idosos. Eram os que mais tinham dificuldade para correr. E também havia a preocupação em tirar os botijões de gás dos barracos. De vez em quando um botijão explodia no meio do fogo. Nem fazia diferença. O fogo já estava muito alto.

Ele olhava aquele desespero e sentia vontade de chorar. Sentia dó das pessoas tentando apagar o fogo com baldes de água. Ele entrou na fila para ajudar. Um passava o balde para o outro, a água caía para fora do balde. Quando chegava perto do fogo, quase não havia água para jogar. Mas ninguém desistia. Ele olhava aquela cena e achava que era o desespero que fazia as pessoas continuarem. Se não fizessem aquilo, iam fazer o quê?

A situação só melhorou quando os bombeiros chegaram. Eles gritavam com os moradores, porque alguns não queriam sair de perto do fogo, queriam continuar jogando água com o balde quase vazio. O Juca Tilico foi um deles. Ele ficou parado, bem perto do fogo, com o balde na mão. Parecia em transe. Não tinha mais água no balde, mas ele parecia não acreditar. Na certa, pensava em tudo o que tinha juntado durante vários anos, agora perdido para sempre em menos de dez minutos. Foi preciso que dois bombeiros o carregassem de onde estava. Ele não esboçou reação. Parecia em choque. Logo o Juca Tilico, tão alegre e brincalhão. Depois daquilo, ele nunca mais foi visto na favela.

No dia seguinte, os jornais escreveram que quatro pessoas não tinham resistido às chamas. Pedro não gostou daquela frase. Achou que suavizava o que tinha acontecido. As pessoas tinham morrido queimadas. Aliás, ele leu muitas palavras nos jornais que pareciam ter sido escritas por gente que não sabia o que era morar na favela. Incêndio eles chamavam de sinistro. Mortos eles chamavam de vítimas. Favelados eles chamavam de moradores. Miséria eles chamavam de vida.

Quando Pedro e sua família conseguiram voltar para o barraco, no dia seguinte, tinham perdido a cama, a televisão, o armário e o sofá onde ele e seus irmãos dormiam. A reportagem do menino que tinha ido lutar nos Estados Unidos estava em sua cama, embaixo do colchão.

Pedro repassou tudo aquilo na mente outra vez, num fio de lembrança que toda noite voltava à sua cabeça. Mas não foi dormir mal. Não naquela noite, pelo menos. Antes de pegar no sono, já tinha decidido o que levaria para a aula sobre cultura. Levaria a sua história, que ele contaria para os alunos na frente da sala. Sua história era a sua cultura. Era o que ele tinha de mais seu.

Tema:
História e cultura

Você conhece a frase que diz que o óbvio às vezes está diante do nosso nariz e não enxergamos? Foi mais ou menos isso o que aconteceu com o garoto Pedro, personagem da história que você acabou de ler. Quando a professora pediu aos alunos que trouxessem algo que fosse exemplo de cultura, a mente dele logo se voltou para algum objeto de arte ou artefato cultural. Ele fez o que muita gente costuma fazer quando pensa em cultura: acha que cultura é só aquilo que vem de fora, feito por artistas, ou o que sai nos jornais e revistas, ou passa na televisão. As pessoas não pensam que a cultura está em tudo e que elas próprias criam e fazem parte da cultura.

Isso tem uma razão de ser. Quando se pensa em cultura, logo vêm à mente artistas ou os produtos culturais que eles criam, como livros, canções, CDs, obras de arte, novelas, filmes, esculturas, peças de artesanato, ou seja, tudo o que recebemos pronto e que precisamos comprar para ter. Mas cultura não é só isso. Aliás, cultura é muito mais. E dizer isso ainda é pouco: melhor seria dizer que a cultura está em tudo. A cultura se confunde com a própria história do ser humano. Porque quem produz cultura são justamente os seres humanos.

Até algumas décadas atrás, aprendia-se na escola que a História era feita pelos governantes. Reis, imperadores, presidentes, primeiros-ministros é que decidiam os rumos de uma nação.

VOCÊ SABIA?

Aquilo que acontece com as pessoas quando elas não se percebem como produtoras de cultura, ou mesmo como integrantes da própria cultura, é exatamente o que acontecia com os operários no tempo de Marx. O produto final que esses operários criavam não podia ser comprado por eles. Um operário que trabalhava na produção de uma máquina jamais poderia comprar essa máquina; o funcionário que trabalhava em uma etapa da montagem de um automóvel não poderia ter acesso a esse automóvel, em razão de seu baixo salário. Marx dizia que eles eram *alienados* do processo de produção, ou seja, que eram excluídos. Algo semelhante ocorre com a produção da cultura. A indústria cultural, que produz as mercadorias culturais, é uma indústria como outra qualquer. Não é de espantar que as pessoas também se sintam alienadas em relação aos produtos criados por ela.

O povo entrava apenas como coadjuvante, ou seja, fazendo o papel secundário, isso quando não era apenas figurante.

Hoje o ensino de História leva em conta não apenas os governantes, mas também o povo, ou seja, as pessoas ditas "comuns". Seus costumes, sua culinária, suas vestes, sua religiosidade, sua arte, seu modo de falar, de produzir, de trabalhar, sua forma de se relacionar em família e na sociedade. É a chamada *história da vida privada*, que passou a ser tão importante quanto a *história da vida pública*.

No século XIX, muito antes que a história da vida privada fosse valorizada, o filósofo alemão Karl Marx (1818-1883) pretendeu explicar a história humana – ou a cultura humana – por meio de apenas um desses aspectos: o das *condições materiais da existência*. A expressão parece complicada, mas, se pensarmos na realidade que Pedro vive na favela onde mora, por exemplo, poderemos entendê-la melhor.

Marx afirmava que a história humana não era feita apenas nos palácios e gabinetes presidenciais, mas no dia a dia do trabalhador, nas fábricas, nos bairros da periferia, nas favelas, nas ruas onde a vida realmente acontece. As condições materiais de existência, para Marx, eram dadas pela realidade. Para ele, não havia outra coisa que pudesse explicar melhor a cultura e a história do que aquilo que a força de cada trabalhador podia construir. Quem constrói a cultura são os trabalhadores, com base naquilo que eles têm para sobreviver, pensava Marx. Não por acaso, uma de suas frases mais famosas é justamente esta: "Trabalhadores do mundo inteiro, uni-vos!".

ATIVIDADES:

1. Se você tivesse de levar para a aula algo que fosse exemplo de cultura, o que levaria? Explique sua escolha.

2. No caso de Pedro, quais eram as condições materiais de sua existência?

3. O que você entendeu por *história da vida privada* e *história da vida pública*? Qual a diferença entre elas?

4. Você concorda com Marx que a história ou a cultura são feitas pelos trabalhadores e pelas pessoas comuns? Explique sua resposta.

O HOMEM QUE NÃO ESTAVA

— Alô!

— Pois não!

— Queria falar com o Jorge Flávio, ele está?

— Eu não estou, quem queria falar comigo?

— Como assim, "eu não estou"? Você sempre brincalhão, não é, Jorge Flávio? Aqui é o Tuchê, lembra? O Tuchê, lá da Ponta do Caju. É o Jorge Flávio que está falando?

— Tuchê, que Tuchê? Que Ponta do Caju?

— O Tuchê, filho da dona Corina. Você não respondeu à minha pergunta. Quem está falando?

— Desculpe, amigo, acho que não vou poder ajudar. O Jorge Flávio saiu e não tem data para voltar. Além do mais, ele não conhece nenhum Tuchê e nunca ouviu falar dessa tal Ponta do Caju.

— Como você sabe? Pode ser que ele não se lembre, afinal faz muitos anos, mas ele me conhece sim. Não posso ao menos deixar um recado?

— Até pode, mas já adianto que ele vai demorar.

— Ele viajou?

— Digamos que sim.

— Como, digamos que sim... Aí já é má vontade. Se ele viajou, é só deixar o recado na mesa dele. Simples.

— Não é tão simples assim...

— Por que não?

— É que...

— Não!...

— Não, o quê?

— Não vá me dizer que...

— Não, não é isso. É que, quando saí, estava com uma cara meio estranha.

— Pera lá: é a segunda vez que você... o senhor fala como se fosse o Jorge Flávio. Com quem estou falando, afinal?

— Com o Jorge Flávio...

— Então não estou entendendo. Jorginho, para de brincar, vai! É o Tuchê. O Tuchê, da Ponta do Caju, caramba! Você está aí ou foi viajar?

— Deixa eu explicar. Eu sou o Jorge Flávio estepe, entende? O Jorge Flávio reserva. Uma espécie de piloto automático do Jorge Flávio. Eu assumo o comando quando a barra pesa para ele. É que ainda sou novo nessa função. Sabe como é, ele está perto dos cinquenta anos... Faz pouco tempo que ele começou a fugir dele mesmo. Mas não estou autorizado a falar por ele. Apenas anoto os recados.

— O senhor é louco?

— Não, mas talvez o verdadeiro Jorge Flávio seja. Foi por isso que ele deu um tempo. Ele andava com uma cara estranha ultimamente, estava meio estressado e achou que era melhor sair de cena por uns tempos. Tem sido assim quando a barra pesa, ele desaparece, se isola e me deixa no comando.

— Bom, se o senhor está dizendo... Mas, como assim, cara estranha?

— Não sei, o olhar dele estava perdido nos últimos dias, acho até que vinha chorando escondido...

— O Jorge Flávio, chorando? Aquilo não chora nem no velório da mãe.

— Pois é, mas as coisas mudam, meu amigo, as coisas mudam... Agora, vem cá: de onde você conhece o Jorge Flávio?

— A gente cresceu lá na Ponta do Caju. Empinávamos pipa juntos, entramos juntos no Senai, namoramos as mesmas meninas...

— As mesmas?

— Não ao mesmo tempo, claro...

— Ah...

— E agora, com as redes sociais, bateu uma saudade dos velhos tempos... Então resolvi procurar o Jorginho. Foi difícil, pois não me lembrava do sobrenome dele. Era um sobrenome estranho...

— Kasperavicius...

— Não, Stradiotto...

— Stradiotto? Que Stradiotto?

— Stradiotto. Era o sobrenome do Jorge Flávio. Nós até colocamos um apelido nele por causa desse nome. Que ele odiava, por sinal.

— Que apelido?

— Manga Chupada.

— Manga Chupada? Mas o que isso tem a ver com Stradiotto?

— Não sei. Na verdade nunca parei para pensar nisso. Só sei que era Manga Chupada. É que nem Tuchê. O que tem a ver com João Carlos Diogo, que é o meu nome de batismo? Nada. Mas apelido é apelido. Não tem explicação lógica.

— Mas por que Tuchê?

— Era por causa da tartaruga do desenho. Você não assistia? Diziam que eu era parecido com ela.

— Sinceramente, não lembro. Não é do meu tempo.

— Mas certamente era do tempo do Jorge Flávio. Ele vai lembrar com certeza...

— Desculpe, amigo, mas acho que esse não é o Jorge Flávio que você está procurando. Esse é o Jorge Flávio Kasperavicius, não o Stradiotto. E ele não está. Posso ajudá-lo em algo mais?

— Tem certeza?

— Absoluta.

Silêncio do outro lado da linha.

— A Edilaine me paga.

— Quem é Edilaine?

— A primeira namorada do Jorge Flávio, que, aliás, é a minha mulher atual. Foi ela quem me garantiu que o sobrenome do Jorge Flávio era Stradiotto.

— Sinto muito, eu e o Jorge Flávio temos o mesmo sobrenome: Kasperavicius...

— Poxa, me desculpe pelo engano. Acabei tomando seu tempo à toa.

— Não por isso. O papo até que foi legal. Esse Jorge Flávio Stradiotto deve ser um cara bacana. Espero que o encontre.

— Vou continuar tentando. E espero que não seja nada grave com o Kasperavicius. Espero que ele volte e volte bem.

— Fique tranquilo, ele vai voltar. Ele sempre volta.

Tema:
Dúvida e verdade

Quem garante que você é você mesmo? E se tudo o que você vive ou viveu até agora não passa de um sonho de alguém?

Nossa relação com o mundo se baseia no que cremos ser verdadeiro e no que vem dos nossos sentidos. Na maior parte do tempo, acreditamos nas coisas por sua evidência, ou seja, pelo fato de elas existirem por si mesmas. É o que se costuma chamar de *senso comum*.

Se ando de bicicleta, não tenho por que duvidar de que sou eu que, com o impulso dos meus pés contra o pedal, faço a bicicleta andar, e que esta, por sua vez, se movimenta pelo atrito de suas rodas contra o chão. Não preciso questionar se eu, a bicicleta ou o chão existimos de fato. Simplesmente pego a bicicleta e ando, sem nem mesmo questionar como se faz para pô-la em movimento sem deixá-la cair, pois esse conhecimento já está enraizado na minha mente de forma que nem o percebo. Isso porque o mundo faz parte da nossa crença diária e inconsciente de que as coisas existem quase do mesmo jeito como as deixamos quando fomos dormir na noite anterior.

Não apenas nos relacionamos com o mundo por meio dos nossos pensamentos e dos nossos sentidos, como podemos sair da nossa mente e nos transportar para o futuro, por meio da imaginação, ou para o passado, por meio da memória.

Organizamos o que temos na mente na forma de experiência, uma espécie de caixa de ferramentas para resolver as questões do dia a dia, e o expressamos por meio da linguagem. Podemos ainda acreditar em mentiras fingindo que são verdades e extrair dessa experiência uma sensação que agrega algo novo em nós, que nos relaxa, nos alegra ou entristece ou ainda que nos purifica. É o que acontece quando assistimos a um filme ou a uma novela, quando jogamos *videogame* ou quando lemos um romance. Sabemos que é de mentira, mas nos deixamos enganar.

A realidade, como a conhecemos no dia a dia, sempre foi questionada pelos filósofos e pensadores. Afinal, quem nos garante que o que vemos, tocamos, sentimos, ouvimos não são apenas projeções da nossa mente? Os filósofos, aliás, não questionam apenas a realidade, mas também a nossa própria capacidade de conhecê-la.

O filósofo francês René Descartes (1596-1650), por exemplo,

VOCÊ SABIA?

No cinema, as histórias dramáticas costumam levar as pessoas a um estado de emoção que provoca uma descarga forte de sentimentos. Essa descarga recebe o nome de catarse, que significa "purificação". Depois de experimentá-la, em geral na parte final dos filmes — ou das novelas e peças de teatro —, as pessoas se sentem como que purificadas, limpas, aliviadas. É como se, por um momento, elas se sentissem mais leves, tomadas de compaixão pelos dramas humanos. No âmbito religioso, as pessoas costumam experimentar a catarse depois de se confessar.

costumava ser assaltado por dúvidas como essas. Será que tudo o que vemos existe de verdade, ou será que estamos sonhando? Como posso ter certeza de que tudo o que vivemos não passa de um grande engano? Diante de tantas incertezas, Descartes resolveu colocar tudo em dúvida.

Num dia de frio, sentado diante da lareira de sua casa, ele pensou sobre sua própria dúvida. Concluiu que somente alguém que pensasse é que podia duvidar de alguma coisa. Descobriu-se então como uma *coisa pensante*. Seu raciocínio foi avançando. Se ele pensava, é porque existia. Então formulou a sentença que revolucionou a história do pensamento: "Penso, logo existo".

O que fez na verdade Descartes? Ele colocou a "coisa pensante" no centro do Universo. A partir daquele instante, a Filosofia levaria em conta que tudo giraria em torno de um "eu", ou seja, as coisas existem porque existem antes na mente. Para o filósofo francês, a lareira não existia por si mesma, mas porque ele podia pensar nela.

Mas aí entra em cena aquela característica da Filosofia que faz dela o campo do eterno questionamento: será que Descartes não podia pensar na lareira justamente porque ela existia por si mesma? Foi o que se perguntou o filósofo inglês John Locke (1632-1704), alguns anos depois. Para Locke, diferentemente do que pensava Descartes, nada existe na mente sem que antes tenha passado pelos cinco sentidos.

O que podemos dizer é que, para a Filosofia, muitas vezes, o mais interessante não está na conclusão, mas na própria dúvida. Só aprendemos quando duvidamos.

ATIVIDADES:

1. Você já se pensou como um "eu"? Experimente fazer isso num lugar movimentado. Olhe as outras pessoas como outros "eus" e você como um "eu" entre eles. O que sentiu? Que conclusões ou dúvidas o assaltaram enquanto pensava?

2. Dê um exemplo de alguma coisa que acontece sem que você precise questionar a existência dela.

3. Na sua opinião, que virtude há em fugir dos problemas ou em usar algum artifício para que os problemas desapareçam como num passe de mágica?

4. E você, o que acha: a lareira de Descartes existe porque ele pode pensar nela ou ele pode pensar nela porque ela existe por si mesma?

MURIEL

No café discreto em que estou, um casal e sua filha deficiente se sentam na mesa ao lado. O homem e a mulher aparentam a mesma idade, em torno de quarenta anos. A menina não deve ter mais do que quinze.

Não tenho conhecimento médico para identificar a deficiência da garota. Seu rosto apresenta um afundamento lateral que compromete estética e funcionalmente a boca e o olho esquerdo. Vejo cicatrizes de contornos irregulares, na certa, tentativas da medicina de amenizar o impacto que aquela face deve causar em quem a contempla.

A garota está de tênis *all star*, calça *jeans* com rasgos calculados e uma camiseta com o rosto da cantora Amy Winehouse. Na testa, uma franja coquete rente às sobrancelhas. Pela conversa, deduzo que a adolescente cursa o Ensino Médio.

O rosto da garota chama a atenção de imediato no café. Tão logo o avistam, as pessoas se voltam para verificar a natureza da deformidade. Passado o impacto, a reação fica por conta da discrição de cada um.

A garçonete se aproxima para anotar o pedido. Observo que a menina não faz cerimônia e, com uma certa graça, pede algo que a funcionária não entende.

— Desculpe... — a moça hesita, entre simpática e aflita, e volta-se num olhar súplice para os pais.

O pai compreende o embaraço:

— Ela quer saber se vocês servem *bureka*... — ele diz, num sorriso constrangido, como se a garota se expressasse num dialeto desconhecido e a ele coubesse o papel de tradutor-intérprete.

— Desculpe, senhor... — a garçonete tartamudeia, ante o olhar ansioso da garota.

Antes que o pai explique à garçonete o que é *bureka*, ao seu modo a menina tenta explicar seu pedido, mas é interceptada com rudeza calculada pelo pai ("*Eu explico pra ela, Muriel...*").

— Desculpe, moça — diz o pai —, a gente sabe que não é em todo lugar que tem *bureka*.

E, voltando-se para a filha, explica a ela que não servem *bureka* ali.

Muriel faz um muxoxo de decepção e, sem perceber a aflição da garçonete, logo se refaz e dá um pulinho na cadeira, deslizando os olhos para o cardápio.

— Nós já faremos o pedido — diz então o pai, um modo de liberar a moça e ganhar tempo para a escolha da filha.

A certa altura, o olhar do pai quase cruza com o meu. Disfarço que os observo. Na verdade, fujo daquele olhar.

Gosto de imaginar as histórias silenciosas que correm, como rios subterrâneos, por trás das conversas que ouço em bares e cafés. Tudo de forma discreta, sem nenhum propósito de julgamento.

A garota age como se não tivesse as limitações de comunicação que tem. E a atitude do pai, de servir de intermediário, deve ser rotina na vida daquela pequena família de classe média. Uma terna compaixão começa a tomar forma dentro de mim.

A imagem me remete aos passeios que dava com minha filha, ao tempo em que ela era pequena, com menos idade ainda do que Muriel. Um período que se apresenta comprimido na memória, como se tivesse sido de apenas alguns meses.

Em minutos, a garçonete volta para anotar o pedido. O pai mais uma vez procura facilitar as coisas e faz um arrazoado do que cada um vai querer:

— Dois cafés puros, um chocolate médio, duas baguetes com manteiga e um *croissant* quatro queijos, por favor.

Refeita de sua aflição, a moça anota tudo. E antes que se retire, ouve a única palavra dita por Muriel que não precisa ser traduzida pelo pai:

— Obrigada.

Desvio de vez meu olhar e tento voltar aos pensamentos que me tomavam antes de notar a presença do casal. Não consigo, porém. Devia estar imerso em algo sem importância. A possibilidade de um novo amor. A viabilidade de uma viagem. Uma lembrança perdida no tempo. Uma frase espirituosa de alguém que se foi. Esses pensamentos ociosos que nos ocupam por horas num café e depois evaporam da mente para nunca mais.

Tema: Valores

VAMOS PENSAR JUNTOS

É por meio do pensamento que organizamos o mundo e agimos nele. Usamos a imaginação para pensar como algo poderia ser diferente do que é ou como poderia ter sido diferente do que foi. Usamos a memória para organizar nossa experiência do mundo e transformá-la em conhecimento, e a linguagem para transmitir o que pensamos ou o que queremos fazer e para entender o que os outros pensam ou querem fazer. O mundo é um grande quebra-cabeça que organizamos na mente por meio da razão.

No entanto, a razão não é a única forma de organizar as ideias e compreender o mundo. Nas religiões, a verdade chega por meio da fé, que é inquestionável para aquele que nela acredita, pois em geral é aceita como vinda de um ente superior. Ter uma fé, portanto, é outra forma de pensar o mundo.

Mas a coisa não é tão simples. No início do século XX, o médico vienense Sigmund Freud (1856-1939) descobriu que temos uma dimensão interior que comanda tudo aquilo que consideramos racional. Essa dimensão se chama *inconsciente*.

Quem nunca acordou de um sonho que o deixou pensativo o resto do dia? O sonho é apenas uma forma como o inconsciente se manifesta em nós. Assim, Freud nos deu mais uma alternativa, além do racional e do religioso, para entendermos a realidade, ainda que essa alternativa venha "bagunçar o

VOCÊ SABIA?

O inconsciente é uma dimensão do pensamento humano que só passou a ser levada a sério depois das teorias de Freud, na passagem do século XIX para o XX. Ele valorizava tanto o plano inconsciente que chegou a referir-se ao plano consciente como "um pobre coitado". O que Freud quis ressaltar foi a supremacia do inconsciente em relação ao consciente nas ações humanas. Não é por acaso que existe uma frase muito usada quando deparamos com situações que desafiam nossa compreensão: "Freud explica".

coreto" de toda a compreensão racional. Poderíamos ainda citar o pensamento mítico e o pensamento artístico, que são próximos do pensamento religioso, e o pensamento científico.

Todos esses recursos do pensamento nos possibilitam não apenas conhecer e organizar o mundo, como julgar tudo o que vemos. Desse modo, algumas coisas nos parecem boas; outras, más. Umas inspiram em nós comoção e simpatia; outras nos causam repulsa. De umas dizemos que são justas; de outras, que são injustas. A um ato chamamos corajoso; a outro, covarde. Uma atitude julgamos virtuosa; outra, viciosa. Alguns fatos nos inspiram; outros nos deixam perplexos e outros ainda nos põem apáticos, ou seja, ficamos indiferentes a eles. Sempre que julgamos algo, estamos usando a dimensão *moral* do pensamento e lidando com *valores*.

Os seres humanos parecem sempre se esquecer de que os valores da sociedade foram criados por eles mesmos, segundo uma época e um lugar. Ou seja, com frequência eles se esquecem de que os valores não valem em todas as épocas e em todos os lugares.

Na história que você leu, a menina Muriel parece imune a todos os preconceitos e todos os valores que muitas vezes tornam a vida mais difícil. Tão mais fácil seria se todos pudessem ver apenas a essência humana.

O mundo cada vez mais faz a apologia do respeito e da tolerância. Nossa essência é humana, não importam as diferenças de cor de pele, de nacionalidade, de credo religioso, de sexualidade, de compleição física. Mas para compreender isso é preciso nos distanciarmos da realidade diária, sair do chamado senso comum.

Costuma-se dizer que a Filosofia não tem utilidade. Que é uma atividade para desocupados, destituída de qualquer caráter prático. Pois se há alguma utilidade em renovar o olhar do ser humano, em fazê-lo olhar o

VOCÊ SABIA?

De fato, a Filosofia não possui uma função útil imediata. Ela não ajuda a vender mercadorias. Não interfere na oscilação das ações na bolsa de valores. Não apresenta soluções práticas para problemas do dia a dia. Muitas vezes a Filosofia não apresenta respostas para as perguntas que os seres humanos fazem a si mesmos ou aos outros. Isso porque a Filosofia não se preocupa necessariamente com as respostas, mas com as perguntas. A filósofa brasileira Marilena Chaui chega a dizer que a Filosofia consiste em "fazer a pergunta direito". Filosofar é um eterno questionamento do mundo. É o eterno admirar-se, espantar-se diante das coisas do mundo, para então ser visitado pela dúvida e questioná-lo. É como olhar o mundo com os olhos de uma criança.

mundo com os olhos de uma criança, como se fosse a primeira vez, eis uma empreitada que terá feito a Filosofia valer a pena.

Para Platão, tudo o que vemos na realidade são cópias malfeitas do mundo das ideias, onde reinam a perfeição, o bem, a luz e a eternidade. Neste mundo de sombras, o que impera, segundo Platão, são o mal, a ignorância, o preconceito e as diferenças. Que a Filosofia, então, sirva ao menos para plantar a dúvida sobre nossa conduta e nossas ações, para que possamos refletir sobre elas. Para que voltemos nosso olhar para o caminho da luz, que nos faça enxergar a essência humana em cada ser.

ATIVIDADES:

1. Escreva um pequeno texto descrevendo que sentimento a história inspirou em você.

2. Se você já vivenciou alguma situação semelhante à do texto, conte como foi. Se não, use sua imaginação e descreva uma situação parecida, em que os valores em jogo sejam os mesmos da história lida.

3. Na sua opinião, por que o narrador da história foge do olhar do pai da menina, quando seus olhares se cruzam?

UGA-UGA

Na minha adolescência – e isso já faz algum tempo –, apareceu um dia, não se sabe de onde, um garoto que chamavam de Uga-Uga. Se ele trazia esse apelido de seu lugar de origem ou se o ganhou assim que passou a morar no bairro, eu não sabia. O que sei é que o Uga-Uga foi talvez a maior lenda urbana da minha meninice. Urbana porque era do meu bairro. E lenda porque nunca cheguei a conhecer o Uga-Uga.

A primeira vez que ouvi falar dele foi nas férias de julho, por ocasião da guerra de pipas que travávamos com os meninos da Rua Otá, que era onde diziam morar o Uga-Uga. Não lembro se aquele nome me chamou a atenção nessa primeira vez. Os meninos do meu bairro costumavam dar apelidos esquisitos uns aos outros. Havia o Lunga, o Zilé, o Rompe-Fronha, o Tchaca. Assim, Uga-Uga não estava muito longe dos outros nomes em esquisitice.

Nos dias seguintes, seu nome começou a se tornar familiar aos meus ouvidos. Toda menção ao Uga-Uga vinha associada a fatos no mínimo curiosos.

– O Uga-Uga enfrentou três meninos da Rua Oti e pôs os três pra correr.

– O Uga-Uga bateu num menino quatro anos mais velho do que ele.

– Não corta a linha do Uga-Uga... Não quero nem imaginar ele furioso.

Esses boatos serviam para criar uma aura de respeito em torno do Uga-Uga, algo normal entre os meninos. Sempre havia aquele que era o mais respeitado, por ser o mais bom de briga. Se fôssemos amigos dele, tanto melhor. Se não fôssemos, era melhor ficar longe de encrencas. Sendo assim, sem conhecer o Uga-Uga pessoalmente, criei a minha própria imagem dele: um garoto de índole autoritária e violenta, de compleição física avantajada, que fazia uso da força para se fazer respeitado e temido.

Seu nome não devia ser por acaso. Uga-Uga remetia aos homens das cavernas que víamos nos livros de história e nos gibis. Não era fora de propósito imaginar um garoto taludo, de semblante rude, pés descalços, com um tacape na mão e trajes mínimos, como um Fred Flintstone contemporâneo.

A lenda sobre ele começou a ficar mais séria quando os boatos começaram a mudar de tom. Já não eram mais sobre sua supremacia física entre os meninos, mas sobre o seu caráter, sua origem e suas relações familiares:

— O pai do Uga-Uga é da Tropa de Choque da Polícia.

— Sim, dizem que o pai dele foi torturador na ditadura militar e bate muito no filho. Por isso o Uga-Uga é tão violento.

— O Uga-Uga desconta nos moleques da rua as surras que leva do pai.

— O Uga-Uga bate na mãe dele.

— O Uga-Uga usa soco-inglês para bater.

— O Uga-Uga...

Nós não tínhamos ideia do que era a ditadura militar, embora ela estivesse em plena vigência enquanto travávamos nossas guerras de pipas. Naquele final dos anos 1970, esses assuntos não frequentavam nossas conversas. Também não sabíamos o que era um soco-inglês, mas só o nome já nos enchia de temor.

Não demorou para que a simples menção ao nome do Uga-Uga fosse o suficiente para provocar uma onda de tremor entre os meninos da minha rua, embora nenhum de nós jamais admitisse isso. Sempre procurávamos saber qual era a pipa do Uga-Uga para não correr o risco de cortar sua linha por engano. Quanto ao soco-inglês, perdíamos horas imaginando como poderia ser.

As férias de julho passaram e aquele ano, enfim, terminou. Foi uma espécie de último ano do resto de nossas vidas. Depois dele, cada menino foi tomando seu rumo. Uns começaram a trabalhar, outros se mudaram de bairro ou de cidade. Quanto a mim, no ano seguinte entrei para o Senai para fazer um curso profissionalizante. Já não estudaria na escola do bairro, mas num local distante, e o dia inteiro. Minha vida mudou completamente e eu deixei de participar da guerra de pipas. Quanto ao Uga-Uga, nunca mais ouvi falar dele.

Um dia — eu já era casado —, estava com minha mulher escolhendo umas frutas no supermercado, quando minha atenção foi despertada pela menção ao nome Uga-Uga vinda de um funcionário que carregava umas caixas no fundo do recinto. Todo um passado se erigiu na minha imaginação. Foi como se eu voltasse no tempo e me transportasse para a calçada onde empinávamos as pipas da minha infância. Não senti medo, mas emoção. Voltei para ver quem atendia pelo nome de Uga-Uga.

Olhei e vi três homens robustos carregando umas caixas e fazendo brincadeiras jocosas entre si. Esquadrinhei com o olhar cada um deles, mas não cheguei a uma conclusão. Tanto podia ser um como outro. Descobri naquele instante que sabia muito sobre o Uga-Uga e ao mesmo tempo não sabia nada sobre ele. Logo os três se perderam pela porta dos fundos do depósito. Morria ali a minha última oportunidade de desfazer o mistério que por tanto tempo povoou minha imaginação.

Ao chegar em casa, ainda impactado pela surpresa, concluí que foi melhor não ter desvendado o mistério. Era quase certo que eu iria me frustrar. Era melhor que o Uga-Uga continuasse vivendo na minha imaginação, cercado de mistério, de medo, mas agora também de uma certa ternura por sua figura. De repente, tive uma espécie de nostalgia do medo que sentia de sua imagem e de seu soco-inglês. Certas lembranças, quando tocadas pela realidade, perdem o encanto.

VAMOS PENSAR JUNTOS

Tema:
Memória e imaginação

No texto que você leu, o narrador usa dois recursos do pensamento: a *imaginação* e a *memória*. Em geral, a imaginação está associada a algo que ainda não aconteceu e pode nem vir a acontecer. Ou o que imaginamos ter acontecido de um jeito, mas pode ter acontecido de outro.

Já a memória geralmente é associada ao passado, a algo já consolidado no tempo, como as recordações de uma festa de aniversário, de uma viagem, aquilo que você aprendeu em uma aula, ou depois de ler um livro ou de assistir a um filme.

A imagem que o narrador criou do Uga-Uga foi fruto das informações que povoaram sua memória e atiçaram sua imaginação. Essas informações se juntaram às que ele tinha na mente antes de saber da existência do Uga-Uga. Ele já sabia, por exemplo, que era comum algum moleque mais forte se impor pela força, e que bastava não se meter em encrencas com ele para não arrumar problemas. Sabia também que um pai ser violento com o filho é algo que não se pode aceitar e que um filho bater na mãe é algo absurdo. Ao mesmo tempo, ele não sabia o que era um soco-inglês, pois sua memória não registrava conhecimento desse artefato. No entanto, sua imaginação se pôs a trabalhar assim que ficou sabendo da existência de um objeto chamado soco-inglês.

A essa altura, você já deve ter percebido que memória e imaginação costumam andar juntas. Não existe imaginação se não há memória, ou seja, se não há o acúmulo dos dados coletados da realidade para que se possa imaginar isso ou aquilo. Se não houvesse memória, você não poderia aprender o que aprende na escola. Imagine se você chegasse a uma aula de Matemática ou de História sem que se lembrasse do que aprendeu na aula anterior? Imagine então o caos que seria se, ao ler um livro, você não se lembrasse do significado das palavras?

Houve um tempo em que alguns estudiosos diziam que a memória era um fato puramente biológico, ou seja, que as células do cérebro simplesmente arquivavam as lembranças, os fatos, o significado das palavras, o rosto das pessoas, como acontece em um computador. Logo essa teoria foi deixada de lado, pois nossa memória não funciona como os circuitos de uma máquina. No computador, você grava um arquivo e guarda. Quando o abre, ele está lá, intacto, do jeito que você o deixou. Já a memória dos seres humanos é bem diferente.

Veja o caso do personagem que narra a história. Bastou que ele entreouvisse o nome do Uga-Uga num lugar inesperado para que sua memória trouxesse de volta a atmosfera da sua infância. Mas as lembranças não trazem exatamente o que ele viveu. O medo que ele sentia e a curiosidade que o Uga-Uga lhe despertava, por exemplo, já não eram os mesmos sentimentos do seu tempo de menino. Eles sofreram a ação do tempo. O medo da imagem criada do Uga-Uga na sua meninice foi se transformando em lembrança terna, em nostalgia afetiva, e o temor do soco-inglês simplesmente não existia mais.

ATIVIDADES:

1. Se você tivesse vivido a mesma situação do personagem que narra a história, que imagem faria do Uga-Uga? Escreva a sua descrição.

2. Tente imaginar o que aconteceu ao Uga-Uga depois que o personagem narrador entrou para o curso profissionalizante e deixou de participar da guerra de pipas. O que ele fez, o que estudou, que carreira seguiu? E, no caso de ser mesmo o Uga-Uga no supermercado, por que tem aquele ofício?

3. Escreva um pequeno texto descrevendo uma situação muito legal ou muito intensa que você tenha vivido. Pode ser uma viagem, um passeio, um encontro, uma despedida, uma conquista ou algo que mexeu muito com você. Depois, releia a sua descrição e responda: a lembrança do que você viveu é exatamente fiel aos fatos descritos, ou seja, eles vêm à mente exatamente como aconteceram? Explique sua resposta.

SEU NEVACIR

Seu Nevacir mudou-se para a nossa rua numa manhã de sábado. Era uma manhã como outra qualquer, mas lembro que fazia sol. Naquele dia, jogávamos nossa habitual pelada na rua, que ainda não era asfaltada.

Enquanto tentávamos enfiar a bola entre os dois pedregulhos que, de lado a lado, faziam as vezes de gol, vimos descer um caminhãozinho de mudança que interrompeu nosso jogo. O motorista fez a volta na rua e parou em frente a uma casa antiga, muito velha e humilde, que estava desocupada havia muito tempo.

Na parte de trás do caminhão havia um fogão, uma geladeira, um sofá, poltronas e aquela infinidade de madeiras compensadas que, uma vez montadas, compõem a cama e o guarda-roupa das famílias. Mobília modesta, certamente comprada a prestação. Logo o motorista e a família, composta de uma tribo de filhos pequenos, começaram a levar os móveis e os utensílios para dentro da casa.

Por último, e cercado de mais cuidado do que os móveis e os eletrodomésticos, descarregaram um carrinho de ambulante, desses que se veem na porta de escolas e cinemas ou nos parquinhos infantis de antigamente. Aquele carrinho – duas rodas de bicicleta, um compartimento de madeira encimado por uma parte envidraçada – seria o elo que nos ligaria ao seu Nevacir pelos anos que restavam da nossa adolescência. Seu Nevacir era pipoqueiro.

Todos os dias, por volta das cinco da tarde, ele saía com o carrinho para trabalhar. Fazia ponto no Cine Saturno, o cinema do bairro, numa época em que ainda existiam cinemas de bairro. Sua filha mais velha, Márcia, sempre o acompanhava. Era uma garota de uns quatorze anos, triste e calada, para a qual nunca lançávamos nosso olhar malicioso de menino. Márcia era uma menina, mas já tinha jeito de mulher. E seu ar calado e triste, como se fosse uma menina envelhecida antes do tempo, não nos inspirava nada além de indiferença ou compaixão.

Cercávamos o carrinho de seu Nevacir mal ele despontava no portão. Não demorou para que estabelecêssemos com ele aquela camaradagem sincera, própria de moleques de rua. Ele retribuía a amizade com seu bom humor e generosos punhados de pipoca, que recebíamos com as mãos em concha. Seu Nevacir não reclamava que usássemos o pote de sal que havia no carrinho, ou que abusássemos do molho de pimenta, uma novidade para a época. Também não cobrava nada pela generosidade, mesmo porque, meninos largados na rua, não tínhamos nada de nosso.

Às vezes ajudávamos seu Nevacir a empurrar o carrinho ladeira acima, até alcançar o plano horizontal da calçada. Embora fosse um homem forte, na força da idade, era uma forma de compensá-lo pelos punhados diários de pipoca. Simplório e boa praça, com a voz arrastada dos nordestinos e com o compasso de quem cumpre o seu destino sem reclamar, ele aceitava a ajuda. Às vezes alguns dos meninos, os mais taludos, empunhavam sozinhos o carrinho, como uma prova de força que impunham a si mesmos.

O tempo passou. Eu e meus companheiros de peladas seguimos a vida. Alguns se casaram, outros se mudaram do bairro ou foram morar em outra cidade. Um tempo depois, encontrei Márcia, a filha calada e triste de seu Nevacir, andando na calçada da avenida principal do bairro com um bebê no colo e uma fileira de filhos atrás. Não deixei de notar que outro filho estava a caminho, aconchegado em sua barriga de grávida.

Nossos olhares se cruzaram. Incrível! Ela não mudara nada! Apenas agora era a mulher que já naquele tempo se insinuava na menina que acompanhava o pai com o carrinho. Trajava vestes simples, mas que ostentavam certa dignidade. Pensei em cumprimentá-la, perguntar de seu Nevacir. Ela me reconheceu, mas, em sua timidez, fez que não viu e rapidamente se recompôs. Ajeitou o cabelo, ralhou com um dos meninos e logo se perdeu em meio aos transeuntes, junto com sua prole. Continuava a mesma: calada e triste.

VAMOS PENSAR JUNTOS

Tema:
Liberdade e determinismo

A história de seu Nevacir pode nos ajudar a entender por que o ser humano, embora faça parte da natureza, como os animais, é bem diferente deles. Além de seres *naturais*, os humanos são também seres *culturais*. Como seres culturais, eles buscam criar a própria história. Às vezes, conseguem mudar o rumo de sua existência. Outras vezes, são atropelados pelo destino e só lhes resta viver dentro do que é possível.

O filósofo alemão Arthur Schopenhauer (1788-1860), que viveu entre os séculos XVIII e XIX, tinha uma visão pessimista da vida. Para ele, estamos destinados a viver eternamente insatisfeitos. O sucesso nunca nos satisfaz plenamente. Sempre falta algo, e com o tempo, mesmo que consigamos o que queremos, logo estamos em busca de outro objetivo que nos gratifique, mas que certamente vai nos frustrar novamente. O ser humano está sempre em busca de algo.

A razão dessa incompletude é o que Schopenhauer chama de *vontade universal* – um outro nome que ele dá para o que em geral chamamos de destino. Para ele, não passamos de um fantoche na mão da vontade universal. Nossa vida não é mais do que uma luta entre os nossos desejos e o movimento dessa vontade, uma força cega que rege o mundo. Trocando em miúdos, nem tudo é exatamente do que jeito que queremos. Planejamos uma coisa, mas o destino vem e desfaz nossos planos. A solução, segundo Schopenhauer, é não desejar, ou não desejar tanto. Baixar as expectativas, para não sofrer.

Não precisamos concordar com tudo o que os filósofos dizem. Já imaginou como seria a vida sem vontade ou sem desejo? Na verdade, é quase impossível imaginar essa situação, pois é próprio do ser humano desejar, querer, buscar.

No século XX, o filósofo francês Jean-Paul Sartre (1905-1980) pegou carona nas ideias de Schopenhauer e afirmou que nossa existência é mais importante do que nossa natureza. O que Sartre quis dizer é que, quando nos descobrimos um ser no mundo, temos de nos virar para levar à frente a existência que ganhamos de presente sem ter pedido. Se nascemos em uma família de aristocratas ingleses, nossa existência será influenciada por esse contexto e nossa vida será de uma determinada maneira. Se nascemos em uma família esquimó, nossa vida estará atrelada à cultura esquimó. Se nas-

VOCÊ SABIA?

A propaganda sabe bem como trabalhar nossos desejos e frustrações. As agências de publicidade não medem esforços para prometer a satisfação de nossos desejos ao oferecer produtos sempre novos, que satisfazem nossos impulsos consumistas, mas que logo perdem o caráter de novidade, para que outro produto "novo" apareça, aguçando de novo nossa pulsão de consumir. Quando não nos ilude com o "novo", a propaganda inventa novas necessidades. Assim, aquilo de que as pessoas nunca precisaram passa a fazer parte essencial de suas vidas, a ponto de elas não poderem imaginar como conseguiram viver tanto tempo sem aquilo. Pense em algum produto eletrônico de hoje em dia e você saberá do que se está falando.

VOCÊ SABIA?

Se, hipoteticamente, um bebê esquimó fosse retirado de seus pais minutos depois do nascimento e fosse levado para o sertão da Bahia para ser adotado por um casal baiano, ele jamais saberia que é filho de esquimós — a não ser que alguém lhe contasse um dia. Isso porque ele não cresceria querendo construir casas de gelo ou comer carne crua, como na cultura de seus pais, mas brincaria das mesmas coisas que seus amigos do sertão baiano, enfrentaria as mesmas dificuldades de clima e teria o mesmo sotaque de seus conterrâneos. Essa pequena e absurda hipótese só mostra que o que decide nosso destino não é necessariamente a condição biológica, natural, mas principalmente a questão cultural. Somos aquilo que a cultura em que nascemos faz de nós.

cemos em uma favela, seremos da mesma forma definidos por aquilo que nos rodeia.

Mas pensar que, se um nasce numa família aristocrata e outro nasce na favela, seus destinos já estarão traçados seria negar a própria capacidade do ser humano de criar a própria história, de se superar. Alguns exemplos falam por si mesmos: o escritor brasileiro Machado de Assis (1839-1908), que nasceu pobre, mulato e gago, se tornou o maior escritor brasileiro de todos os tempos; e o presidente dos Estados Unidos, Barack Obama (1961), filho de um imigrante queniano, alcançou o mais alto posto da maior potência política e econômica mundial, um país que até outro dia não permitia que negros e brancos frequentassem a mesma escola. É aí que está a singularidade do ser humano: na possibilidade que ele tem de superar os obstáculos naturais e culturais, superar a si mesmo e criar o seu caminho no mundo.

O personagem da nossa história, seu Nevacir, parece correr contra o destino. Sua profissão humilde revela que ele teve dificuldade na vida para alcançar uma situação mais confortável para si e para a sua família. Seu Nevacir se vira do jeito que dá a fim de levar adiante sua existência e dar um futuro melhor para os filhos. Sua filha Márcia, do mesmo modo, parece presa nas malhas da vontade universal. No entanto, uma vez que é humana, pode mudar o roteiro de sua história e a de seus filhos. A vida seria muito pobre se não tivéssemos a possibilidade de mudar o *script* que a existência nos impõe.

ATIVIDADES:

1. Agora que você sabe um pouco sobre a vontade universal, tente lembrar-se de alguma situação em que essa vontade o impediu de conseguir alguma coisa. Claro que você não pensou nos obstáculos como a vontade universal, nos termos de Schopenhauer, mas agora que você a conhece, tem a opção de interpretar as coisas dessa maneira. Como se sentiu? Se quiser, descreva a situação.

2. De que modo você imagina que a vontade universal agiu na vida de seu Nevacir e de sua filha Márcia?

3. Você acha que os filhos da personagem Márcia terão o mesmo destino que ela? Explique sua resposta.

SEGREDO

O bom de ter um diário é que a gente pode escrever nele o que quiser. Mas o melhor, o melhor mesmo, é poder escrever aquelas coisas que a gente não contaria pra ninguém, nem pro melhor amigo. Ontem eu fiz uma dessas coisas. Uma dessas coisas que a gente não conta nem pro melhor amigo.

Por um lado, me deu muito prazer, fiquei feliz, e tal. Mas, por outro, fiquei matutando se aquilo foi legal. É por isso que estou colocando tudo no papel. Diário é como uma segunda consciência que a gente tem.

Na verdade, fiz duas coisas que me puseram pensativo. Mas uma não é tão grave assim. Uma delas eu até contaria pro Zilé, que é o meu melhor amigo. Tenho certeza de que ele não ia ficar me julgando. Pode ser até que achasse bacana o que fiz, porque talvez ele mesmo já tenha feito a mesma coisa.

Vou começar escrevendo sobre a coisa menos grave. É uma forma de criar coragem para escrever sobre a mais grave. O que importa é que ninguém nunca vai saber. Só este diário, que eu guardo no fundo da estante, entre os meus cadernos velhos, como se fosse uma coisa sem importância.

Ontem eu saí para ir à escola, mas não fui. Caminhei até a praça central e, quando cheguei lá, peguei a rua da estação e fui andando. Eu sabia que não encontraria nenhum aluno por ali, acho que por isso escolhi aquele caminho. Quando dei por mim, já estava na estação.

Não sei dizer por que fiz aquilo. Ou melhor, sei. Eu estava sem ânimo nenhum de ir à aula. Na segunda-feira, uns meninos da oitava série, por pura maldade, começaram a me chamar de Cabeção. O apelido pegou. No dia seguinte, os meninos da sétima e algumas meninas começaram a me chamar assim também. Na saída, passei pela Val e ela disse: "E aí, Cabeção!". Nem respondi. Responder seria assumir o apelido.

Fui dormir muito mal naquela noite. Não tenho cabeça grande. Foi uma brincadeira idiota dos alunos. Só porque sou muito na minha. Ou porque tiro notas altas. A mãe até perguntou: "Já vai se deitar? Hoje tem jogo do Palmeiras na televisão". Inventei uma desculpa qualquer e fechei a porta. Queria ficar sozinho. Acabei pegando no sono.

No dia seguinte, acordei ainda pior. A mãe perguntou se estava tudo bem. Eu disse que estava, mas acho que não convenci. Quando deu o horário da escola, já estava decidido a fazer o que fiz. Acho que foi durante a madrugada que me decidi.

Fui andando até a praça central e, quando cheguei lá, peguei o caminho da estação. Acho que foram minhas pernas que me levaram, pois minha cabeça era uma confusão só. Eu tinha apenas o dinheiro da passagem. Fui até o guichê, comprei o bilhete, passei a catraca e fui andando até a plataforma.

Sempre gostei de trem. Meu pai trabalhava na Mooca e nas festas da empresa a gente ia de trem até lá, eu, ele e a mãe. Depois que ele morreu, há dois anos, nunca mais andei de trem.

As portas se abriram e eu entrei. O vagão estava quase vazio. Destino: Mogi das Cruzes. O trem deu uns solavancos e começou a andar. Fiquei olhando a paisagem pela janela. Devia ter trazido uma revista ou um gibi. Agora era tarde. De vez em quando passava um vendedor de bala ou biscoito de polvilho. Meu pai sempre comprava biscoito de polvilho quando eu andava de trem com ele.

Meu plano era simples: para não ir à escola, ficaria no trem durante o horário da aula. Não precisava sair do vagão. Iria até Mogi, depois voltaria para o Brás, depois voltaria para Mogi de novo, até dar o horário. Era melhor do que ficar zanzando na rua, tomando sol na cabeça, sem dinheiro nem para um lanche. E era bem melhor do que ficar na escola sendo chamado de Cabeção.

Bom, essa foi a coisa menos grave: mentir para a mãe, deixar que ela pensasse que eu estava na escola.

Quando foi chegando o horário de voltar, desci na estação do meu bairro e tomei o caminho de volta. Estava um pouco adiantado. Resolvi parar numa banca de jornal para olhar as revistas e passar o tempo que faltava. Era uma banca enorme. As revistas estavam penduradas, algumas quase tocavam o chão. Foi quando vi uma revista de futebol. Era uma revista famosa. E aquele número era especial: trazia a tabela completa do campeonato brasileiro.

Olhei o preço: 18 reais. Um dinheiro que nem em sonho eu teria. Foi aí que fiz a coisa mais grave. Aquela que eu não contaria nem pro Zilé, que é o meu melhor amigo.

Pensando bem, acho que eu não contaria nem pro meu diário, que é a minha segunda consciência.

Tema:
Conflitos e contradições

VAMOS PENSAR JUNTOS

Em sua página de diário, o menino escreve algo aparentemente banal, mas que de banal não tem nada: "O diário é como uma segunda consciência que a gente tem". Por que será que ele escreveu isso? O que é a consciência?

Você certamente tem aqueles pensamentos que não revela nem para a sua sombra, não é? Não se preocupe, todos temos pensamentos assim. É próprio do ser humano ter uma área da mente como se fosse um território livre das ideias, sem censura e sem julgamentos. Os artistas e os cientistas costumam usar muito bem esse lado da mente. É o território da criatividade.

É nesse território que guardamos nossas sensações do mundo, nossas experiências, a memória do que fizemos, do que vimos e ouvimos, os planos do que pensamos fazer no futuro, os quais nem sempre revelamos. É como se fosse um arquivo de computador, nem sempre organizado, mas que na maior parte das vezes traz até nós as informações de que precisamos num tempo incrivelmente rápido e de uma forma nítida.

Esse conjunto de informações é a base que nos auxilia a formar nossos valores. Valores também são algo que todos temos. É aquilo que faz você identificar uma coisa como boa ou má, justa ou injusta, certa ou errada, feia ou bonita. Mas não é como uma calculadora, em que 2 + 2 é sempre igual a 4. Isso

VOCÊ SABIA?

Nossa consciência — ou autoconsciência — exerce um papel fundamental em nossa conduta diária. Se o inconsciente é o plano da pulsão incontrolável, nosso consciente é aquele plano que reprime as "loucuras" do inconsciente. Consciente e inconsciente estão sempre em conflito. Na maioria das vezes, o consciente se dá melhor. Em outras, o inconsciente dá um jeito de driblar a vigilância do consciente. Dessa luta, algumas vezes, nascem as chamadas *neuroses*. Por isso, tanta gente procura os psicanalistas: para que consciente e inconsciente cheguem a um acordo entre si.

significa que nem tudo é muito certinho na nossa cabeça. Nem sempre agimos de acordo com o que entendemos ser o bem, nem fazemos aquilo que consideramos justo ou certo. A isso costuma-se dar o nome de *contradição*. O ser humano é contraditório por natureza.

O filósofo grego Heráclito de Éfeso (c. 535 a.C.-475 a.C.) foi um dos primeiros pensadores a se preocupar com as contradições. Ele não as via como algo necessariamente ruim. As contradições é que movem o mundo, dizia Heráclito. Nada existe no mundo que não seja feito de contradição, ou seja, da luta entre contrários. Como ele era um filósofo pré-socrático, suas conclusões vinham em geral da observação da natureza: o dia vira noite e a noite vira dia; a água evapora, congela, volta a ficar líquida; o novo envelhece; a semente vira árvore. Para Heráclito, tudo muda, movido pelas contradições, pela luta dos contrários, incluindo os seres humanos. Ele dizia, por exemplo, que um homem nunca entra duas vezes no mesmo rio, pois, da segunda vez, nem o homem será o mesmo homem, nem o rio o mesmo rio. Para Heráclito, o que havia de mais importante era o *movimento*.

As contradições do pensamento podem explicar o que aconteceu com o menino da história. Ele mesmo admitiu que o que fez não foi muito legal. No entanto, acabou fazendo. E até disse que sentiu prazer com o resultado da sua ação. Ao mesmo tempo, entrou em conflito consigo mesmo. E quando ele entra em conflito consigo mesmo, busca desabafar com a sua segunda consciência, que é o diário. Sem contar que, quando acha que deve, ele se abre com o melhor amigo.

Você já entrou em conflito consigo mesmo por alguma coisa que tenha feito? O que sentiu? Tinha algum amigo ou amiga com quem desabafar? Tinha uma segunda consciência para contar seus segredos? Como se entendeu com suas contradições?

Um *conflito* geralmente nasce do choque entre uma ação que praticamos, e que muitas vezes guardamos só para nós mesmos, e as regras da sociedade em que vivemos. A sociedade, aqui, não precisa ser a lei. Podem ser seus pais ou responsáveis, o guarda de trânsito, o professor, o padre, o governador, o presidente. Pode ser o olhar dos outros. Ou pode ser o nosso próprio olhar ou a nossa consciência.

No século XIX, o filósofo alemão Immanuel Kant (1724-1804) afirmou que devemos agir como se nossa ação fosse um modelo universal de virtude. Mas um modelo de virtude por si mesmo, não por medo de punição da lei, da polícia, da religião, dos pais, dos professores ou do olhar dos outros. Um modelo de virtude que siga por si mesmo o caminho do bem, que se mova por uma vontade própria. Somente dessa forma, segundo Kant, a virtude terá valor.

ATIVIDADES:

1. Procure lembrar-se de uma boa ação que você tenha praticado. Você a praticou porque achava que aquilo era a coisa certa a fazer, ou a praticou por obrigação?

2. Agora procure lembrar-se de algo que você tenha feito que não foi muito legal. Você não precisa dizer o que foi, a menos que queira. Descreva o seu sentimento depois de ter praticado esse ato. Como você lidou ou lida com a situação?

3. Você acha que os preceitos de Kant são seguidos pelas pessoas? Explique sua resposta.

A SENHORINHA DA LIVRARIA

Já experimentei os mais diferentes sentimentos em relação a ela: raiva, piedade, irritação, exaspero. Atualmente, ando na fase da complacência, e espero que este seja o definitivo.

Acontece sempre: mal ponho os pés na livraria e já pressinto seu vulto caminhando na minha direção. Reconheço aquele vulto pelos passos hesitantes, ritmados pela picada de sua bengala contra o chão.

Sou um frequentador assíduo de livraria. Quase nunca tenho em mente um livro para comprar. Mas raramente deixo a livraria sem um exemplar debaixo do braço. Gosto de olhar aleatoriamente o que está exposto. Folhear, verificar o tradutor, o projeto gráfico, a capa. Gosto principalmente de ser surpreendido por aquele romance que procurava há décadas. Ela, contudo, parece não entender minhas peculiaridades. Logo se aproxima e lança a pergunta que me faz há pelo menos cinco anos, desde que passei a frequentar aquela livraria:

— Já encontrou o livro que procura, senhor?

— Obrigado, estou dando uma olhada geral – é a minha resposta de bate-pronto, dada também há pelo menos cinco anos.

Não é possível que já não tenha gravado a minha fisionomia. O hábito, porém, parece ser mais forte que ela. Já ocorreu de, no mesmo dia, ela esquecer que já havia me abordado e me interpelar novamente, com o mesmo ar respeitoso e simpático.

— Procura algo específico, senhor?

— Obrigado, estou dando uma olhada geral.

Minha resposta não é de todo insincera. Tampouco indelicada. Mas também não é uma resposta precisa. "Dar uma olhada geral" é uma expressão muito distante do caráter de ritual que atribuo às minhas idas às livrarias. E antes que identifique o sentimento que me toma dessa vez, ela se afasta, deixando no ar a frase com que sempre conclui sua abordagem:

— Pois não, fique à vontade.

De vez em quando, ela muda o *script* e arrisca um palpite:

— Já leu este? — diz, pegando o primeiro *best-seller* que vê na prateleira.

— Já sim, muito bom — minto, para não alongar a conversa.

Ela então se afasta, com a clara satisfação do dever cumprido estampada no semblante.

De tanto ouvi-la proferir a mesma pergunta, deduzo que seja uma funcionária de honra da livraria, ou algo que o valha. Deve ter por volta de 80 anos e, pelo modo elegante como se desloca e interpela os clientes, presumo que tenha sido uma eficiente gerente da loja, dessas que dedicam a vida à empresa — fato cada vez mais raro no mundo de hoje.

Se minhas hipóteses estiverem certas, acho louvável a atitude da livraria. Precisamos de gente humana no atendimento, principalmente em se tratando de uma livraria. Livro não é xampu, margarina, pastilha para tosse ou ração para animais. É um produto que possui alcance social.

De todo modo, se a simpática senhora mais atrapalha do que ajuda, ao menos é de uma educação irretocável, coisa também cada vez mais rara hoje em dia. Com a vantagem de que fala me olhando nos olhos, não faz uso de gerundismo, não me chama de "chefe", "patrão", "campeão", "grande", "professor" e nem diz que determinado livro é "*show* de bola".

Certa feita, num dia de pouca paciência, ao ser abordado por ela, resolvi desafiá-la. Foi a primeira vez que fiz isso.

— Já encontrou o livro que procura, senhor? — ela veio com seu mantra.

— Ainda não — devolvi, com ar maroto. — Estou procurando o novo romance do Veríssimo. A senhora sabe em que prateleira está?

— O senhor, por favor, fale com a vendedora — ela respondeu, impassível como uma esfinge grega, apontando uma das atendentes.

Resignei-me, desarmado e complacente, e fui falar com a vendedora.

VAMOS PENSAR JUNTOS

Tema:
O mundo do trabalho

A protagonista da história, simpática, educada, elegante, de gestos comedidos, parece não pertencer a este mundo do século XXI, cada vez mais impessoal. A história mostra que ela não pertence mesmo a este tempo de relações fortuitas e diálogos virtuais. A forma como se dirige ao cliente, olhando em seus olhos, em vez de usar clichês vazios para fazer sua abordagem, mostra como o mundo mudou nas últimas décadas.

Também a condição de funcionária antiga da livraria parece ser algo que está desaparecendo nos dias de hoje. Em grande parte, as empresas já não mantêm os funcionários por muito tempo, quando não é o próprio funcionário que não quer ficar muito tempo na empresa. O que até pouco tempo era bem visto – a estabilidade no emprego – agora parece significar comodismo.

Essa história mostra que o mundo muda e as pessoas mudam junto com ele. Um aspecto importante da vida em sociedade são as *relações de trabalho*, que, claro, também mudam junto com o mundo.

Um filme muito conhecido que mostra como as coisas mudaram no mundo do trabalho é *Tempos modernos*, de 1936, dirigido e protagonizado por Charles Chaplin. Você já assistiu a esse filme? Se não, deveria fazê-lo. Uma sessão na sala de aula seria muito divertida. Você poderia ver como o mundo de cerca de cem anos atrás era muito diferente do mundo de hoje, mas que, ao mesmo tempo, ainda tem muito dele.

Uma das coisas que esse filme mostra é como o trabalho ajudou a moldar o homem e a vida contemporâneos. Como assim? Pois é, de criação humana, o trabalho alterou o seu criador.

Antigamente, o ser humano se valia em grande parte da agricultura para sobreviver. Ele regulava o tempo de acordo com os ciclos da natureza: dia e noite, chuva e estiagem, as estações do ano etc. Com a invenção do relógio mecânico, o homem deixou de marcar o tempo pelos ciclos da natureza e passou a controlá-lo pelos ponteiros do relógio. Também os tipos de trabalho mudaram. Surgiram as cidades e com elas as primeiras manufaturas, e algumas pessoas passaram a ter pequenas oficinas.

A invenção da máquina a vapor, no século XVII, significou uma mudança radical na sociedade. Como as máquinas eram caras, o trabalhador da agricultura e o pequeno manufatureiro, que não tinham dinheiro para comprá-las, tiveram de deixar suas casas e se

VOCÊ SABIA?

A famosa frase de Marx, "Trabalhadores do mundo inteiro, uni-vos!", tinha como objetivo a tomada do poder pelos trabalhadores rumo ao objetivo final, o comunismo, ou a "ditadura do proletariado". Mas o que uniu os trabalhadores na defesa de seus direitos foi o que recebeu o nome de *sindicato*. Atualmente, cada categoria sindical tem os seus representantes, mas, nos primeiros anos do capitalismo industrial, os principais sindicatos eram principalmente o das indústrias têxteis, o dos gráficos e o dos operários das fábricas, que se uniram para fazer greves e lutar por melhores salários e condições de vida e de trabalho.

deslocar para o lugar onde as máquinas estavam. Esse lugar eram pequenos galpões, que logo passaram a ser chamados de *fábricas*.

O relógio mecânico, que substituiu a contagem do tempo pelos ciclos da natureza, foi muito importante para esse novo mundo do trabalho. Foi por meio do relógio que os donos das fábricas passaram a controlar o tempo que o trabalhador passava na fábrica e o quanto ele produzia. Não é preciso dizer que ele tinha de produzir o máximo possível em um espaço cada vez menor de tempo.

Para que isso fosse conseguido, foi inventado um processo chamado *linha de produção*. Em vez de trabalhar no processo todo, ou seja, fazer um produto por vez, cada operário passou a fazer apenas uma parte do trabalho. Assim, ele conseguia maior produtividade, pois seus movimentos, mecanizados e repetitivos, conseguiam fazer mais rápido apenas um tipo de trabalho, em vez de vários. É o que vemos de forma bem-humorada no filme de Charles Chaplin.

Esse processo de produção, embora degradante para o ser humano, fez o mundo se desenvolver ainda mais. Algumas grandes cidades se transformaram em metrópoles, com suas lojas, bancos, cinemas, hospitais, aeroportos e a vida social cada vez mais intensa, que já era o embrião da vida agitada que temos hoje nas cidades de grande porte. Os operários continuaram a trabalhar em fábricas, mas o setor de comércio e o de serviços passaram a ser tão importantes quanto o trabalho fabril. Os patrões tiveram de garantir vários direitos aos trabalhadores, e, com isso, trabalhar muito tempo numa empresa passou a dar segurança e estabilidade ao trabalhador.

É desse tempo, de grande estabilidade no emprego, que vem a senhorinha da livraria. Um tempo não tão antigo assim, mas que parece mais distante do que a própria invenção do relógio.

ATIVIDADES:

1. Pelo que se apreende do comentário do texto, a época em que havia estabilidade no emprego parece já um pouco distante. Converse com seus pais ou responsáveis, ou com pessoas mais velhas para saber por que, em geral, as pessoas não ficam mais muito tempo nos empregos.

2. Você acha que ainda existem funcionários ou funcionárias como a senhorinha da livraria? Por quê?

3. Você acha que uma funcionária como a personagem da história ajuda ou atrapalha no trabalho? Por quê?

4. Pela descrição da personagem, escreva um pequeno texto imaginando que outros aspectos do mundo a senhorinha viveu no tempo de sua juventude.

5. O que o autor quis dizer ao afirmar que o livro é um produto com alcance social? Qual a diferença entre um livro e um xampu, um iogurte ou ração para animais?

AS AFLIÇÕES DE UM TORCEDOR

Ele não estava torcendo nem para um time nem para o outro. Aliás, ele não torce para clube nenhum: torce por todos. Mas isso o torcedor tradicional custaria a entender. No entanto, ontem ele foi o torcedor que mais sofreu. Só não teve um infarto porque o coração dele é forte. Afinal, são mais de dois mil anos assistindo a guerras e conflitos.

Engana-se quem pensa que ele estava em alguma numerada cativa do Morumbi. Ele bem que poderia, se quisesse. Tampouco se encontrava na arquibancada, onde fica a maior parte da torcida. Dizem que ele costuma ser visto na geral, local do estádio onde fica o torcedor mais humilde, que assiste aos jogos de pé, no nível do gramado. Mas ontem nem na geral ele estava.

Pouca gente sabe, mas ele é um sujeito muito ocupado. Sem ser executivo, político, tecnocrata ou cientista, é requisitado a solucionar os mais diversos problemas no mundo. Ultimamente, ele tem se debruçado sobre a questão da fome e da Aids na África. É um problema que tira o seu sono e para o qual ele já tentou as mais diferentes soluções. Todas resultaram inúteis. Os seres humanos simplesmente não colaboram.

Essa, aliás, é uma de suas frustrações. Sua reputação de Todo-Poderoso se vê seriamente abalada toda vez que aparecem nos jornais fotos de crianças esquálidas com moscas sobrevoando o rosto naquele continente. Não importa se é no Sudão, na Etiópia ou em Serra Leoa: a frustração é a mesma.

Francisco, seu mais famoso aliado, bem que tenta fazer alguma coisa. Viaja daqui para lá, de lá para acolá, discursa em árabe, em iídiche, em português, em russo, em latim, em inglês, em espanhol, conversa com chefes de Estado, mas o mundo anda tão complicado, a miséria e a violência tão enraizadas no cotidiano, que Francisco pouco consegue fazer. Discurso só não basta.

Além da África, há uma quantidade enorme de problemas no planeta que cabe a ele resolver. A cura do câncer, o problema dos imigrantes, dos presos políticos, das crianças de rua, dos desempregados, dos refugiados de guerra, dos excluídos de toda sorte. Também cobram dele a solução da crise de energia, do destino do lixo atômico, da alteração dos padrões climáticos, da devastação das florestas, do tráfico de drogas. Se há uma coisa que o tira do sério, é quando ouve alguém dizer que a situação está desse jeito porque "ele quis assim". "Quis assim uma ova!", ele resmunga para si mesmo, usando uma gíria antiga e abandonando sua habitual serenidade. Ele não tolera conformismo.

Mas ontem... dois clubes de massa do Brasil jogariam pela semifinal da Taça Libertadores da América. Ele bem que tentou concentrar-se no problema da fome no continente africano. Chegou a lançar um olhar de compaixão pelas vítimas da seca no Nordeste brasileiro ou pelos parentes dos mortos pelo tráfico na Colômbia. A proximidade geográfica desse país com a América Central o fez lembrar-se dos plantadores de cana e banana dos países dessa miserável parte do mundo, que já sofrem com impiedosos furacões e tremores de terra.

Ontem, porém, ele tinha um compromisso urgente. Afinal, jogavam dois clubes que representavam a única alegria para uma legião enorme de torcedores. Era uma forma de amenizar o sofrimento daquela gente. Ou pelo menos de uma parte dela.

Ele recebera um chamado de última hora. Um chamado insistente. Um jogador de um dos clubes iria bater um pênalti. Um pênalti que decidiria a partida. E pediu a ele, mais uma vez, que o ajudasse a converter em gol aquela penalidade máxima.

Ele ouviu a súplica. O jogador havia se ajoelhado perto da bola e fizera o pedido num sussurro demorado, para que as câmeras de televisão o focalizassem o maior tempo possível. Era um jogador chato, desses que se acham o rei da cocada preta.

Ele já havia atendido esse jogador em outras ocasiões. Já convertera em belos gols faltas de longa distância, lances fortuitos, chutes infelizes. Agora esse jogador estava ali novamente, prestes a bater o pênalti, e rezando, implorando, ordenando que ele o ajudasse mais uma vez.

Foi aí que ele se chateou. Pensou nas crianças famintas da Etiópia, nos presos políticos de Cuba, nos decasséguis no Japão, nas mulheres oprimidas do Paquistão, nos favelados do Rio de Janeiro, e, ao perceber que o jogador corria para a bola, fechou os olhos e disse baixinho para si mesmo:

– Dane-se!

Tema:
Deuses e humanos

VAMOS PENSAR JUNTOS

A cena descrita é muito conhecida. Na hora de bater um pênalti, o jogador se ajoelha junto à bola e, como se fizesse uma oração, parece ter uma conversa particular com Deus. Se faz o gol, ele não sai dando socos no ar, como faz a maioria dos jogadores, mas ergue os olhos e os braços para o céu, em agradecimento pelo pedido atendido. Se não faz, caminha cabisbaixo e resignado para o centro do gramado: Deus "não quis" que a bola entrasse.

Como estamos no Brasil, o Deus do jogador da história que você leu provavelmente é o Deus dos cristãos, na versão católica ou protestante. Mas pode também ser algum orixá, uma entidade do candomblé, a religião afro-brasileira que se desenvolveu na tradição da escravidão negra no Brasil. Uma antiga e engraçada frase diz que, se "macumba" ganhasse jogo, o campeonato baiano terminaria empatado. Isso porque a Bahia é considerada a terra dos orixás.

No entanto, poderíamos indagar: e o goleiro? Também não é filho de Deus? Não tem a mesma vontade de vencer que o jogador que vai cobrar a penalidade? Não mereceria de Deus a graça de fazê-lo pegar o pênalti? E então? Como será que Deus agiria nessa situação?

A crença de que a divindade na qual acreditamos atenderá nosso pedido se baseia no fenômeno da *fé*. O sociólogo

VOCÊ SABIA?

Não se sabe ao certo se o poeta Homero existiu de fato, nem se, caso tenha existido, ele foi o único autor das obras *Ilíada* e *Odisseia*. Alguns estudiosos afirmam que as duas grandes obras de Homero foram na verdade uma reunião de várias histórias orais da memória coletiva da Grécia arcaica, e não obra de um homem só. As epopeias homéricas, que mostravam a proximidade entre homens e deuses, foram por muito tempo usadas na educação das novas gerações de gregos, que aprendiam, sobretudo, a coragem e a virtude, dois atributos muito valorizados pela cultura grega.

francês Émile Durkheim (1858--1917) afirmou que "toda religião é verdadeira". O que Durkheim quis dizer é que não importa o credo, o que importa é a fé que cada pessoa tem. Isso vale para a imensa variedade de crenças que existem no mundo. Não importa qual seja ela, nem sua forma nem sua origem. Todas são legítimas e dignas de respeito.

Pela fé, muitas religiões foram criadas, nações se edificaram, pessoas foram convertidas e transformaram suas vidas. Diferentemente da Filosofia, a fé não precisa de provas. O crente, em geral, aceita a fé como palavra revelada, ou seja, uma palavra já dada, pronta, inquestionável, diante da qual não resta nenhuma atitude senão crer.

A história que você leu mostra, no entanto, como a crença de cada um, que deveria ser algo íntimo, está sendo banalizada na sociedade contemporânea. No caso do jogador, ele fez da sua fé um espetáculo público. Não por outro motivo, nossa sociedade ocidental é chamada de "sociedade do espetáculo". Com relação à fé, ela saiu da intimidade da alma dos fiéis e passou a fazer parte da própria identidade deles na sociedade. Ser budista, *hare-krishna*, católico, espírita, evangélico, umbandista, agnóstico ou ateu passou a identificar as pessoas, ou seja, a colocá-las dentro de uma "caixinha de classificação" pelas quais os outros as olham de um jeito ou de outro. Essa é uma característica do mundo moderno. Ou pós-moderno, como defendem alguns. Os indivíduos são rotulados de acordo com suas atitudes, seus gostos, suas roupas, seus costumes.

No caso da fé, com exceção dos ateus e dos agnósticos, boa parte das pessoas procura um Deus que atenda a seus pedidos particulares, de preferência com a conquista de paz, saúde, harmonia, mas também de vitórias profissionais e bens materiais. Contudo, pelo que se viu na história, até a paciência de Deus tem limite.

Na Grécia arcaica, os seres humanos também se comunicavam com os seres divinos – naquela época, existiam vários deuses. Não havia um único livro sagrado, como a Bíblia dos cristãos, o Alcorão dos islâmicos ou a Torá dos judeus, mas as *epopeias*, que narravam oralmente os feitos heroicos dos deuses e dos guerreiros e ensinavam valores como coragem e virtude. Muitos desses relatos foram atribuídos ao poeta Homero.

No entanto, por mais virtuosos e corajosos que fossem os heróis das histórias homéricas, seus destinos dependiam sempre da vontade dos deuses. Esses deuses eram antropomórficos, ou seja, tinham a forma humana, e a manifestação da sua vontade na relação entre os deuses e destes com os humanos formou o que se chama de *mitologia grega*.

Passados mais de dois milênios da existência dos deuses na Grécia antiga, o pedido do jogador da história diante do goleiro é semelhante ao guerreiro grego diante do inimigo: força e proteção. Embora o pensamento mítico tenha perdido terreno para a racionalidade da Filosofia, nosso mundo atual ainda tem muito de mítico.

ATIVIDADES:

1. Reúna-se com um colega de turma e elabore com ele uma lista de três personalidades contemporâneas conhecidas que costumam ser chamadas de mito. Pode ser um artista, um esportista, um cientista, um professor, uma autoridade religiosa, um político. Procurem explicar por que vocês acham que essa pessoa é ou foi chamada de mito.

2. Quando o pintor espanhol Salvador Dalí (1904-1989) morreu, um jornal brasileiro publicou a seguinte manchete: "Morre o homem, nasce o mito". Levando em conta essa manchete, tente explicar com suas palavras o que é um mito.

3. O final da história não revela o que aconteceu quando o jogador chutou a bola. O que você acha que aconteceu? Explique sua resposta.

ADERBAL E HARRIET

Harriet não cabia em si de felicidade. O ultrassom acabara de confirmar que ela seria mãe de gêmeos. Ao deixar a clínica, ainda agitada pela novidade, comunicou ao marido:

— Eles vão se chamar Apolo e Dionísio, Aderbal.

———

Eram professores. Harriet, de teatro; Aderbal, de saxofone. Haviam se conhecido há dois anos, na feirinha de artesanato da Praça Benedito Calixto, em São Paulo. Harriet achara interessante o rapaz com ar tímido, músico de rua dando uma canja com seu sax para o pessoal do chorinho. Aderbal não tirou os olhos da morena de trança, minissaia, tatuagem de ideograma japonês na nuca e sotaque francês. Foi paixão ao primeiro acorde. Quando o chorinho deu uma pausa, ela se aproximou e Aderbal a convidou para experimentar a ambrosia na barraca de doces.

— Nem em Minas se faz uma ambrosia como essa – disse Aderbal.

Dois meses depois, decidiram se casar.

———

A profissão da Harriet explicava a escolha de nomes tão incomuns. Apolo e Dionísio eram deuses gregos, muito presentes na tragédia grega, que deu origem ao teatro.

Aderbal até entendia, mas torceu o nariz.

— Ah, Aderbal, acho tão lindos!

— Também acho, amor, mas por que você tem de escolher os dois nomes? Não posso escolher um e você o outro?

— Porque eu sou a mãe, oras!

— E eu sou o pai...

— Amorzinho, não é por nada, mas quem é que está carregando os dois bichinhos pra lá e pra cá?

— Você...

— E quem vai sentir as dores do parto?

— Você, mas...

Harriet colocou o indicador na boca de Aderbal, carinhosamente, impedindo-o de iniciar seu argumento, que ela já sabia qual era.

— Amor, é um desejo de grávida...

Aderbal riu:

— Esse argumento não vale.

— Vale sim... — disse Harriet, dando um selinho no marido. — Além do mais, não tem sentido colocar Apolo em um e não colocar Dionísio em outro.

— Por que não?

— Porque eles são deuses gregos que se complementam, amor. Você não conhece a história?

— Claro que conheço — mentiu Aderbal.

— Então! Já que vamos ter gêmeos, pensei em fazer uma homenagem ao teatro grego.

— Eu tinha pensado em Hermeto — arriscou Aderbal.

— Hermeto? Por que Hermeto?

— Por causa do músico.

— Apolo e Hermeto, Aderbal?

— Por que não? Ou Dionísio e Hermeto.

— Ah, não, amor... Apolo e Dionísio não podem se separar. São polos universais da vida. É uma homenagem. Além do mais, Hermeto é horrível, não acha?

— Não acho, não. E Apolo?

— Que é que tem?

— Parece nome de missão espacial americana... E você sabe que eu detesto os Estados Unidos...

— Pirou, Aderbal? Desde quando o nome Apolo tem a ver com os Estados Unidos?

— Missão Apolo 11, lembra?

— Nada a ver. O nome da missão foi dado justamente porque é o nome de um deus grego.

Lá vinha a Harriet com suas histórias sobre mitologia grega, pensou Aderbal. Quando começava a falar no assunto, perdia a noção do tempo.

— Tá certo, amor, já disse que conheço a história. Mas vamos negociar. Não acho justo. Sou o pai, também tenho direito a fazer uma homenagem.

— E quem, fora o Hermeto, você gostaria de homenagear?

— Já que são gêmeos, pensei em Karl e Friedrich...

Harriet encarou o marido:

— Tô vendo que o primeiro filho tá mexendo com a sua cabeça.

— ... mais conhecidos como Marx e Engels — completou Aderbal.

Aí foi a Harriet quem se alarmou. Ela odiava quando o marido começava a falar dos socialistas.

— Imagina a gozação na escola, Aderbal.

— Com Apolo e Dionísio também vai ter gozação.

— Claro que não. Ninguém estuda Apolo e Dionísio na escola. Já Marx e Engels... Imagina a aula de História.

Não chegaram a um acordo até o dia do parto. Harriet não abria mão de Apolo e Dionísio. Aderbal, mais flexível, até concordava que Marx e Engels era meio caricato, mas sugerira outras homenagens, mais contemporâneas: Lennon e McCartney, Simon e Garfunkel, Gil e Caetano...

Quando ouviu os primeiros sinais de choro do bebê dentro do quarto, Aderbal foi tomado de tal emoção e carinho pela esposa e pelos filhos que ali mesmo decidiu que aceitaria, enfim, a sugestão da Harriet. Até porque estava cansado daquela discussão, que se arrastara por quase toda a gravidez. Seus filhos seriam Apolo e Dionísio, deuses gregos. E não se falava mais no assunto.

Aderbal entrou no quarto e se aproximou dos bebês. Deu um beijo na testa da Harriet e ficou contemplando os rostinhos rosados.

De repente, teve um lampejo. Já que não tinha escolhido os nomes, escolheria quem seria o Apolo e quem seria o Dionísio. Nada mais justo.

Pegou a mãozinha do bebê da direita, o mais agitado, e, imitando voz infantil, disse:

— Mamãe, eu sou o Apolo.

Depois, pegou na mão do bebê da esquerda, o mais quieto, e disse, com a mesma voz de criança:

— E eu sou o Dionísio, mamãe.

Harriet franziu a testa, pegou a mão do bebê mais inquieto e disse, também com voz infantil:

— Não, papai, eu é que sou o Dionísio. O Apolo é aquele ali.

E, voltando-se para Aderbal, deixando escapar um riso maroto e um olhar zombeteiro, retomou a voz adulta:

— Papai, você conhece mesmo a história?

Tema:
O apolíneo e o dionisíaco

Quando o filósofo alemão Friedrich Nietzsche (1844-1900) surgiu, no século XIX, ele fez uma coisa que nenhum outro filósofo tinha feito até então: negou toda a Filosofia. Ele não aceitava as ideias de nenhum pensador antes dele, desde Sócrates, que é considerado o fundador da Filosofia ocidental.

Cerca de dois séculos antes de Nietzsche, nos anos 1600, o filósofo francês René Descartes (1596-1650) tinha feito algo parecido com o que Nietzsche fez: pôs em dúvida todas as teorias filosóficas antes dele. Mas uma coisa é colocar em dúvida; outra é negar. Nesse sentido, Nietzsche foi bem mais radical do que Descartes.

Mas por que Nietzsche fez isso?

Nietzsche era um filósofo muito erudito e conhecia profundamente a história da Grécia antiga. Ele sabia que, antes de Sócrates, haviam existido os primeiros pensadores, aqueles que fizeram as primeiras perguntas sobre a natureza e o Universo – os pré-socráticos. Nietzsche também sabia que, antes de Sócrates, a Grécia tinha vivido um tempo culturalmente muito intenso e rico, no qual se destacaram o pensamento mítico, os deuses e os guerreiros virtuosos e corajosos. Esse tempo recebeu o nome de "tempos homéricos", por causa das histórias épicas atribuídas ao poeta Homero.

Essa tradição de coragem e virtude, em que os sentimentos eram vividos com muita intensidade pelos deuses e pelos

VOCÊ SABIA?

O teatro nasceu da tragédia grega. E o teatro grego tinha como patrono Dionísio, o deus do vinho, o grande inspirador das chamadas Dionísias, os grandes festivais de teatro que aconteciam todos os anos na Grécia arcaica. Um dos símbolos dessas competições eram as máscaras, que representavam a entrega do ator, que se despia de sua identidade para assumir a identidade do personagem. Foi nessas competições que se destacaram os três grandes autores gregos de teatro: Ésquilo, Sófocles e Eurípedes.

humanos, contribuiu para a invenção da tragédia grega e do teatro. O nome já diz tudo: *tragédia*, histórias que representam situações terríveis, trágicas, vividas pelos seres humanos.

As tragédias mostravam a relação do homem com o tempo, as paixões e as pulsões de vida e de morte. Nessas histórias, havia principalmente dois espíritos que representavam ideias opostas: os deuses Apolo e Dionísio. Apolo era o deus da serenidade, da ordem, do equilíbrio, da racionalidade e do comedimento – enfim, personificava a *razão*. Dionísio era o deus do vinho, dos instintos, dos excessos, da alegria, do entusiasmo, da aventura, da orgia, da dança, da embriaguez – personificava a *emoção*. Na Grécia arcaica, onde o teatro e a tragédia nasceram, o embate entre razão e emoção já era muito forte, por vezes violento, e impulsionava o movimento das coisas materiais e espirituais.

Quando Sócrates apareceu, valorizou o pensamento apolíneo

e deixou de lado o pensamento dionisíaco. Como Sócrates é considerado o pai da Filosofia ocidental, conceitos como razão, verdade, bem, harmonia e justiça, associados a Apolo, formaram a base da Filosofia nascente. Já ideias como instinto, fogo, conflito, paixão, alegria, movimento, emoção, relacionadas a Dionísio, ficaram em segundo plano.

O pensamento apolíneo foi o início das atividades ligadas à verdade, como a Filosofia e a ciência. O pensamento dionisíaco deu início a atividades nas quais a verdade não era tão essencial assim, como a arte, o teatro e a política.

Quando Nietzsche, no século XIX, renegou os filósofos que vieram depois de Sócrates, foi o pensamento apolíneo que ele quis renegar. Para Nietzsche, esse pensamento tirou a pulsão de vida e a força que existiam no ser humano no período grego antes de Sócrates. Por outro lado, ele achava que o pensamento dionisíaco era a própria essência da vida, no que ela tem de força, ação, criatividade, alegria, potência e vontade. Não por acaso, Nietzsche era muito ligado ao teatro, à arte e à música.

Mas o que tudo isso tem a ver com o Aderbal e a Harriet?

Harriet é professora de teatro. Certamente conhece a história do teatro e, por extensão, de Apolo e Dionísio. A ideia dos nomes para os bebês foi uma homenagem que ela quis prestar a essa tradição da Grécia arcaica, que existia antes de Sócrates fundar a Filosofia com base no pensamento racional. Quando percebeu que um dos bebês era supostamente mais comportado (razão) e o outro mais agitado (emoção), quis adequar o nome de cada um a suas supostas personalidades. E, sem querer, ainda desmascarou Aderbal, que disse que conhecia a história.

ATIVIDADES:

1. Se você tivesse de classificar os personagens Aderbal e Harriet, quem seria o apolíneo e quem seria o dionisíaco? Explique a sua resposta.

2. Elabore uma lista com dez alunos da sua sala: cinco que você considera mais apolíneos e cinco que entende serem mais dionisíacos. Na frente de cada nome, escreva o motivo pelo qual você os classificou dessa forma.

3. Na sua opinião, qual é a diferença entre *duvidar* e *negar*?

4. Elabore uma lista com cinco pares de ideias opostas. Em seguida, escolha um desses pares e escreva um pequeno texto sobre ele com base no que você aprendeu sobre contradição.

O MENINO FILÓSOFO

Joca pegou a colherzinha de mexer café e bateu na xícara três vezes, como um juiz pedindo ordem num tribunal.

— Pessoal, tenho algo importante a dizer.

Com a disposição benevolente das manhãs, todos na mesa se voltaram para o menino.

— É o seguinte: não vou prestar vestibular.

O pai achou que fosse brincadeira. Tia Júlia continuou degustando a rabanada que ela própria havia feito. Pâmela fez uma careta de desdém. Só dona Anita, com sua intuição de mãe, percebeu que o filho não estava no seu normal.

— Que bobagem é essa, filho?

— Não é bobagem, mãe. Não quero prestar vestibular, simples assim.

— E como é que você vai entrar na faculdade?

Então Joca transformou o desdém da irmã num risinho superior e quase fez tia Júlia engasgar com a rabanada.

— É que eu não vou fazer faculdade, mãe. Decidi que não preciso.

Aí já era demais para o pai.

— Deixa de tolice e toma o seu café, menino! — disse Arnaldo, num tom que raramente usava com os filhos. — No ano que vem você vai pro cursinho e depois vai prestar vestibular. De Direito, de preferência.

— Não vou, não, pai. Já decidi.

— Como não vai?

— Já tenho dezesseis anos, sei o que quero.

— Mas que insolência desse menino, Anita!

— Calma, Arnaldo, ele está falando isso da boca pra fora, não é, filho?

— Não, mãe, não estou não. Pensei muito antes de tomar essa decisão. Até pensei em avisar por *e-mail*, para evitar confusão.

Pâmela interrompeu a mordida na torrada e fuzilou o irmão.

— Parabéns, Joca! Estragou o café da manhã do papai — disse a menina, com o ar que adotou desde que havia entrado em Administração.

Arnaldo se voltou de novo para a mulher:

— Mas quem enfiou essas ideias na cabeça desse garoto?

— Devem ser esses livros grossos que ele anda lendo... — disse a mãe.

— Que livros grossos?

— ... de um tal de Sófocles...

— Sócrates — corrigiu Joca.

— Calma, gente — interveio tia Júlia. — Conheço o meu Joquinha. Ele só está querendo provocar a Pã. É claro que ele vai fazer faculdade e vai ser um grande advogado.

— Não sou mais o Joquinha, tia Júlia. De agora em diante sou o João Carlos. Mas pode me chamar só de João se quiser... E não quero ser advogado. Não quero colaborar com o sistema.

O pai quis ver até onde o garoto ia com aquilo.

— E o que você vai ser na vida, sabichão?

A resposta atingiu Arnaldo como um bofetão.

— Filósofo.

— Filósofo?

— Isso mesmo, filósofo.

— E vai viver de quê?

Joca ia citar justamente Sócrates, mas achou melhor não entrar na provocação. Pâmela é que não perdeu a oportunidade. Soltou uma gargalhada e deixou a mesa, não sem antes sussurrar um "Que idiota!" para que somente Joca ouvisse.

O pai sorveu um gole de café e baixou a linha dura:

— Anita, de hoje em diante, quero saber tudo o que esse menino anda lendo.

Joca protestou.

— Isso é censura! Não estou lendo nada de mais.

— Censura ou não, você vai tirar essa ideia da cabeça — disse o pai. — E trate de fechar bem o terceiro ano. Vestibular de Direito é concorrido.

Percebendo que o embate era desproporcional e que seu recado afinal fora dado, Joca se calou de vez. Na sua cabeça, calar-se numa situação como aquela já era uma postura filosófica. Pensou em Sócrates diante dos legisladores de Atenas. Em Ghandi diante dos ingleses. Em Galileu perante a Santa Inquisição.

Com o silêncio do menino, todos também se calaram e foram curtir o domingo, que estava ensolarado e festivo.

Joca foi para o quarto. Deitou na cama, com os braços cruzados na nuca, e ficou lembrando com orgulho como enfrentou a reação dos pais. Ele resistira estoicamente às críticas. Ou cinicamente, ele ainda não sabia direito. A Escola Cínica era uma de suas preferidas na Filosofia.

De repente se levantou, foi até a janela e olhou o quintal, onde seu cachorro dormia do lado de fora da casinha. Lembrou de Diógenes, o filósofo cínico que pedia esmola às estátuas e por algum tempo morou num barril com seus cães para mostrar desapego às coisas materiais.

Pedir esmola a estátuas seria um pouco demais para o pai. O que diriam os vizinhos? Além do mais, não havia estátuas em seu bairro. Mas um barril ele podia arranjar. Não precisava ser muito grande. Bastava que ele coubesse dentro. E que conseguisse trazê-lo para o quintal.

Voltou para a cama com um brilho diferente no olhar. Quem sabe na adega do Expedito?

VAMOS PENSAR JUNTOS

Tema:
O poder

Você já pensou se pudesse fazer o que bem entendesse, sem dar satisfação a ninguém? Imagine como seria: você se alimentaria do que quisesse, iria para a escola quando tivesse vontade, chegaria no horário que achasse melhor, ficaria na internet até cair de sono e acataria as ordens dos seus pais ou responsáveis somente quando elas não atrapalhassem seus planos – ou simplesmente não as acataria. À primeira vista, isso parece muito bom, não é? Você teria toda a liberdade do mundo.

Liberdade é uma palavrinha de que todo mundo gosta. Ela parece oferecer somente as coisas boas da vida. Ou possibilitar que desfrutemos somente de coisas agradáveis e prazerosas, sem nos preocuparmos com ordens ou regras. Sendo assim, tudo o que se opõe a liberdade parece chato e ruim. Mas será assim mesmo?

Essa questão nos remete ao que diz o filósofo francês Jean-Paul Sartre (1905-1980): "O homem está condenado à liberdade". Frase esquisita, não? O filósofo associa uma coisa aparentemente boa – a liberdade – a outra ruim – a condenação. Mal comparando, é como se você estivesse em um avião e, quisesse você ou não, fosse obrigado a saltar de paraquedas. Você estaria, assim, "condenado" a pular e experimentar toda a liberdade do ar livre à sua volta.

Nessa comparação, o espaço pelo qual você se deslocasse em sua queda poderia ser comparado à vida. Para Sartre, é mais ou menos assim que chegamos ao mundo. Nascemos sem que tivéssemos pedido e, quando nos damos conta, já estamos dentro da vida, aparentemente livres, mas com um monte de gente nos dizendo o que podemos e o que não podemos fazer.

Sartre "pegou pesado" quando disse que o homem está condenado à liberdade. Mas talvez ele não tenha dito nenhum absurdo. Pode reparar: embora nem sempre se dê conta, em vários momentos da sua vida você se depara com a restrição da sua liberdade. Na sua casa existe a autoridade dos pais ou responsáveis – veja o que acontece com o Joca. Na escola, é preciso atender ao que os professores pedem. Na rua, você se orienta pelos gestos do guarda de trânsito ou pelos sinais do semáforo. Num parque, precisa ler as placas que dizem o que você pode ou não fazer. No cinema, antes de o filme começar, você recebe instruções sobre como se portar e o que fazer em caso de incêndio.

VOCÊ SABIA?

O grande representante da Escola Cínica é o filósofo Diógenes de Sinope (c. 404 a. C.- c. 323 a. C.), que levou ao pé da letra os mandamentos do cinismo. Ele morou por um tempo num barril, ao lado de seus cães, tendo de seu apenas uma túnica, um cajado e uma lamparina, com a qual saía pelas ruas à procura de um homem honesto. Também pedia esmola às estátuas da cidade, para exercitar a rejeição, pois sabia que as estátuas não responderiam aos seus pedidos. Curioso e encantado com o que ouvia dizer de Diógenes, Alexandre, o Grande, rei da Macedônia, quis conhecê-lo. Ao parar diante do filósofo, fazendo-lhe sombra, disse: "Peça o que quiser, Diógenes". Ao que Diógenes respondeu: "Quero apenas que saia da frente do Sol". A admiração de Alexandre apenas aumentou. De volta a seu palácio, o rei disse que, se não fosse Alexandre, queria ser Diógenes.

VOCÊ SABIA?

A Escola Cínica, mencionada na história do menino, não é uma escola de filósofos cínicos, no sentido negativo que hoje tem essa palavra, mas uma reunião de filósofos que pregavam o desapego das coisas materiais e uma vida à parte das convenções da sociedade. Seu grande mascote, por assim dizer, eram os cães, que os cínicos elegiam como modelo de vida digna — alguns estudiosos defendem que a palavra *cinismo* provém do grego *kyon* ou *kynós*, que significa "cachorro". O próprio Diógenes, o principal filósofo dessa escola, era chamado de Diógenes, o cão.

Você não se sentiria perdido ou desorientado se nenhuma dessas regras existisse? Não se sentiria numa espécie de caos?

No caso do Joca, seus pais possuem a legitimidade natural de pais para impor aquilo que acham melhor para o garoto, que tem 16 anos e, portanto, ainda não atingiu a maioridade civil. O que não quer dizer que eles podem fazer tudo o que quiserem. Mesmo a autoridade dos pais ou responsáveis é regida por normas e leis da sociedade.

O poder faz parte das engrenagens da sociedade para que as coisas funcionem. Existem muitas coisas que não podemos fazer. Existem muitas coisas que não podemos dizer. Estamos sempre fazendo uma leitura da realidade para saber como nos comportar para não transgredirmos as regras, ainda que possamos não concordar com elas. Nesse caso, temos a possibilidade de nos unir a outros para mudá-las. Quando a atitude de quem detém o poder ultrapassa os limites de suas funções, o poder se torna autoritário e não estamos mais falando de poder legítimo, mas de tirania. Será esse o caso do pai de Joca?

ATIVIDADES:

1. Como você lida com o poder na sua casa, na escola e na rua? Tira de letra ou costuma rebelar-se?

2. O que achou da atitude do Joca? Acha que ele tem o direito de fazer o que quer?

3. E quanto ao pai de Joca? Ele tem o direito de impor uma carreira ao filho? Quais são os limites do seu poder?

4. Você acredita que existam pessoas que nasceram para mandar e outras para obedecer?

CONCLUSÃO
A barba não faz o filósofo

Um livro que se propõe a dar as primeiras noções de Filosofia a jovens leitores por meio de textos literários não poderia apresentar uma conclusão com um caráter de "trabalho encerrado" ou de "caminho percorrido". Pelo contrário, pretende-se que a reflexão após a leitura, afinada com as estratégias do professor e do próprio leitor, seja o pontapé inicial para novas abordagens. Quando muito, que esta conclusão seja uma pausa para um respiro, antes de novos mergulhos pela reflexão filosófica.

Existe uma conhecida frase do historiador inglês Thomas Fuller (1608-1661) segundo a qual "a barba não faz o filósofo". Alguns séculos depois, essa frase foi muito usada para se referir ao filósofo Karl Popper (1902-1994), um pensador britânico que não usava barba. Mas também serve para desmistificar a conhecida figura do filósofo como um velhinho de cabelos brancos, barba comprida e espessa e olhar circunspecto, em geral isolado no mundo, perdido em seus pensamentos.

Essa imagem certamente levou muitos jovens a se afastar da Filosofia, pelo fato de a reflexão filosófica sugerir um descompasso com o mundo sempre em transformação, cada vez mais voltado para imagens e resultados imediatos. Em outras palavras, em seu primeiro contato com a reflexão filosófica, o jovem tende a achar que a Filosofia está apartada da vida prática.

Embora faça menção a filósofos que usam barba (Marx), costeletas (Schopenhauer) ou vastos bigodes (Nietzsche), este pequeno livro procura fugir do estereótipo criado do filósofo ao longo dos séculos, fechado em seu mundo, impregnado de verdades eternas e absolutas. Estas doze histórias procuram mostrar que a Filosofia está bem mais próxima de nós do que imaginamos. Que ela brota não apenas das grandes reflexões, mas também dos acontecimentos diários, corriqueiros, banais. Enfim, que a Filosofia pode dialogar de forma aberta com a realidade atual, com este mundo globalizado e digital, feito de *bits*, *bytes* e *pixels*, mesmo que sua mensagem venha sendo emitida há 25 séculos.